Et si la victime n'existait pas ?

5-7, rue de l'Ecole polytechnique, 75005 Paris

http://www.librairieharmattan.com
diffusion.harmattan@wanadoo.fr
harmattan1@wanadoo.fr
ISBN : 978-2-343-01367-1
EAN : 9782343013671

Sous la direction de
Sonia Harrati

Et si la victime n'existait pas ?

L'Harmattan

Collection ***Sciences criminelles***
dirigée par Robert Cario

La collection ***Sciences criminelles*** se destine à la publication de travaux consacrés à l'analyse complexe du phénomène criminel. Multidisciplinaire par définition, elle a vocation à promouvoir les réflexions critiques portées par les disciplines impliquées, dont l'angle d'approche spécifique enrichit la connais-sance globale du crime, tant en ce qui concerne les protagonistes (infracteur, victime, société) que les stratégies d'intervention sociale (prévention, répression, traitement). En France comme à l'étranger.
Les contributions, émanant de chercheurs, de praticiens de la justice ou du travail social, empruntent la forme d'ouvrages de doctrine, de recherches collectives ou d'actes de rencontres scientifiques.

Deux séries complètent la Collection. Le ***Traité de sciences criminelles***, multi-auteurs, présente sous la forme de manuels les principales disciplines qui composent les sciences criminelles : philosophie criminelle, criminologie, politique criminelle, droit criminel, procédure pénale, criminalistique, médecine légale et victimologie.

Les ***Controverses*** rassemblent de courts essais sur des questions majeures de la connaissance scientifique dans le champ criminologique. En pointant leurs contradictions, (re)découvertes et zones d'ombre, les réflexions participent à une meilleure compréhension de la complexité des conduites humaines.

Y. Le Pennec, Centre fermé, prison ouverte. Luttes sociales et pratiques éducatives spécialisées
R. Cario, L'aîné victime. La fin d'un tabou ?
R. Cario, La prévention précoce des comportements criminels. Stigmatisation ou bientraitance sociale ?
R. Cario, P. Mbanzoulou (Dir.), La victime est-elle coupable ?
P. Mbanzoulou, N. Tercq, La médiation familiale pénale
P. Mbanzoulou, La violence scolaire. Mais où est passé l'adulte ?
P.V. Tournier, Loi pénitentiaire : contexte et enjeux
I. Dréan-Rivette, De la criminologie en Amérique
R. Cario, B. Sayous (Dir.), Tabous et réalités du crime au féminin
R. Cario, P. Mbanzoulou (Dir.), La justice restaurative. Une utopie qui marche ?
R. Cario (Dir.), L'enfant exposé aux violences familiales. Vers un statut spécifique ?
R. Cario (Dir.), Les rencontres détenus-victimes : l'humanité retrouvée.
R. Cario, M. Herzog-Evans, L.M. Villerbu, La criminologie à l'Université. Mythes… et réalités
M. Herzog-Evans, Moderniser la probation française

A paraître

F. Rognon, B. Deymié (Dir.), Regards croisés sur la justice restaurative. Punir, restaurer, guérir

Ont participé à cet ouvrage

Robert Cario, Professeur de criminologie, Codirecteur du Master de criminologie, Université de Pau et des Pays de l'Adour (U.J.P. / C.R.A.J.)

Sandra Da Silva, Doctorante en psychologie clinique et psychopathologie (Laboratoire Cliniques Psychopathologiques et Interculturelles, LCPI, Université de Toulouse le Mirail).

Philippe Genuit, Psychologue clinicien, Hôpital Gérard Marchant, Centre Ressources pour les Intervenants auprès d'Auteurs de Violences Sexuelles de Midi-Pyrénées (CRIAVS)

Sonia Harrati, Maître de Conférences en psychologie (Université de Toulouse le Mirail, LCPI), Codirectrice du Centre de Criminologie et Sciences Humaines de Midi-Pyrénées, Psychologue clinicienne en centre de soins pour adolescents (Hôpital G. Marchant).

Valérie Mazoyer, Maître de Conférences en psychologie (Université de Toulouse le Mirail, LCPI), Psychologue clinicienne en Maison d'Enfants à Caractère Social.

Paul Mbanzoulou, Docteur en droit et titulaire d'une habilitation à diriger les recherches (HDR), Responsable du département de la recherche et du Centre interdisciplinaire de recherche appliquée au champ pénitentiaire (C.I.R.A.P.), École nationale d'administration pénitentiaire (É.N.A.P.).

Pascal Pignol, Docteur en Psychologie, Psychologue, Cellule de Victimologie générale, Pôle G 06, CH Guillaume Régnier, Rennes.

David Vavassori, Maître de Conférences en psychologie (Université de Toulouse le Mirail, LCPI), Codirecteur du Centre de Criminologie et Sciences Humaines de Midi-Pyrénées, psychologue clinicien (EPM de Lavaur).

Daniel Welzer-Lang, Professeur de sociologie, Université Toulouse-le Mirail, L.I.S.S.T.-C.E.R.S. (UMR C.N.R.S. 5193).

Introduction

Cet ouvrage fait suite à une journée scientifique « praticiens & chercheurs » intitulée « Et si la victime n'existait pas ? Regards croisés et articulation des savoirs », organisée en 2012 par le Centre de Criminologie et Sciences Humaines de Midi-Pyrénées [1] et le Laboratoire Cliniques Psychopathologiques et Interculturelles (LCPI, Université de Toulouse le Mirail). Cette journée s'est donnée ainsi pour objectif de réfléchir et de débattre de la conception de victime et de sa portée heuristique en partant du constat que définir cette notion aujourd'hui apparaît comme une mission complexe. En effet, l'évolution socio-historique de celle-ci montre qu'elle n'a pas toujours fait l'objet d'une même approche. Jusqu'à la fin du XVème siècle, notion de victime est empruntée à la théologie, et ramenée à une connotation sacrificielle. Récupérée par l'institution juridique, la notion « victimale » s'étoffe, notamment après la Seconde Guerre Mondiale, illustration même du Mal et du l'inhumain, qui force la réflexion sur des sévices inégalés jusque-là. Les juridictions internationales posent ainsi les premières législations spécifiques relatives aux droits des victimes. En France, les lois du 15 juin 2000, 9 septembre 2002 et du 9 mars 2004 consolident le statut légal de celles-ci. La victime n'est ici considérée qu'au regard d'une infraction définie par la Loi et transgressé par un autre. Mais alors, est-il possible, au-delà des

---

1. Le CCSH est rattaché au Centre Universitaire de Formation et de Recherche Jean-François Champollion – Albi.

désignations juridiques, de définir une victime de façon substantielle ?

Aujourd'hui, les sciences humaines envisagent une conception plus large de cette même victime centrant leur définition sur la personne et non plus sur l'infraction. La définition victimologique désigne alors *« tous les traumatismes et les souffrances, de toutes origines, intensités et durées, infligés de manière totalement illégitime et injuste aux victimes dans leur corps, leur dignité, leurs droits et leurs biens »* (Cario, 2002). Etre victime peut manifester l'expression d'un « réel voilé », et faire oublier « l'expérience vécue au profit de l'expérience subie » (Deswaene, 2002). Etre la victime comporte aussi plusieurs facettes, du héros réceptacle des projections fantasmées du collectif à une place apportant une considération, voire une certaine satisfaction. De par cette acception, la figure victimale devient multiple. Ainsi, elle apparaît dans divers champs (travail, intra-familial, social...) et se banalise. Associée au sentiment d'insécurité actuel, la notion de victime se transforme alors en outil politique et social de référence.

Finalement, la victime ne risque-t-elle pas de se voir catégorisée, étiquetée dans une position désubjectivante ? Issue des racines judéo-chrétiennes de la société occidentale, n'est-elle pas toujours prégnante dans les conceptions actuelles simplement habillées des lois, normes et valeurs qui font la société moderne ?

Cet ouvrage se propose alors de croiser les regards disciplinaires afin de confronter et d'articuler les savoirs et les champs professionnels autour de la notion de victime, des situations de victimisations / vulnérabilités pour optimiser la prise en charge de celle-ci.

1

La victime, face cachée de la dépolitisation et de la psychologisation du social

par Daniel WELZER-LANG

Mon propos est celui d'un sociologue. D'un sociologue qui, tout au long de sa carrière a croisé des « victimes ». Mais aussi des auteur-e-s de violence. Le point de vue que je vais exposer dans cet article est donc fortement influencé et « situé » par mes travaux précédents ; ceux sur les hommes violeurs (Welzer-Lang, 1988), et ceux sur les hommes violents que nous avons accueillis à l'association RIME de Lyon entre 1987 et 1993 (Welzer-Lang, 2005 a, b). De même, mes combats contre l'homophobie, la biphobie, et maintenant l'hétérophobie ont influencé mon point de vue (Welzer-Lang, Dutey, Dorais, 1994). Enfin, le travail réalisé cette année avec la Ligue des droits de l'Homme de Toulouse sur le tribunal des comparutions immédiates me permettra de préciser mes analyses (Welzer-Lang, Castex, 2012).

Mais avant tout, et pour éviter tout procès d'intention, il est nécessaire de préciser ceci : oui, il existe des victimes. Certains et certaines de ces victimes souffrent d'un traumatisme évident qu'il est important de prendre en compte, voire de « soigner », même si je n'utilise pas ce terme. Mais ce n'est pas le cas de toutes les victimes ! Non seulement certaines personnes désignées comme victime en refusent le terme et ses connotations misérabilistes, mais plus loin, je trouve toujours curieux comment, parfois, on impose aux « victimes » d'étaler leur pseudo traumatisme.

Deux situations se présentent pour les victimes : la victime désignée et la victime revendiquée et prise en charge.

Dans le cas de la « victime désignée », des spécialistes, des « logues » se placent en situation d'expertise — en fait en situation de pouvoir (pouvoir administratif, symbolique, médical…) — pour évaluer, vérifier, quantifier le degré de victimation subi. Dans le cas de la « victime revendiquée », le pouvoir (judicaire, administratif, politique) délègue ses experts pour vérifier les dires de « la victime ». Est-elle crédible ?

Dans les deux cas, victime « désignée » et victime « revendiquée », nous assistons à une méprise, une confusion sur les statuts. Les « experts » sont désigné-e-s pour donner un avis savant parce que soignant-e-s, médecins la plupart du temps. La relation thérapeutique est sous-tendue par un contrat de libre-adhésion entre le patient ou la patiente et le ou la thérapeute. Cette libre adhésion, ce choix, permet d'instaurer une relation de confiance, une altérité qui favorise le soin et la guérison. Ici, dans le cas d'expertise, point de libre-adhésion. L'expert est désigné-e et mandaté-e pour « le bien » de la victime. Auteur-e et victime doivent s'y soumettre. On en sait tous les enjeux, et les stratégies, du côté des auteur-e-s, et parfois des victimes, mais aussi dans l'utilisation sociétale de cette action performative.

Voilà ce que j'écrivais suite à mes travaux sur le viol :

« En amalgamant la situation de diagnostic et celle d'expertise, elle [la Justice] estampillera d'un sceau de scientificité un discours tendant à présenter les phénomènes de viol comme des actes individuels issus de la pathologie des accusés et des victimes. Le nombre d'hommes déclarés malades, anormaux, quelle que soit la pathologie ou l'anormalité observée (cinq dossiers sur vingt-cinq étudiés lors de cette recherche) est moindre. Cela réfute le pré-jugement que les violeurs sont des fous, des monstres, des pervers. Toutefois, c'est la présence même de l'expertise psychiatrique qui légitime le fait qu'il semble normal d'interroger la folie en ce qui concerne le viol. Imaginons un rapport d'expertise sociologique qui examinerait les conditions sociales, culturelles... le sens en serait logiquement différent. C'est l'appel à la science psychiatrique qui facilitera les stratégies sur les objets de cette science : à savoir la folie et l'anormalité.

Et l'expertise prendra sa place dans le déroulement de l'instruction comme un acte similaire à toutes les procédures du dossier. Une fois le rapport remis, l'inculpé signera qu'il a bien pris connaissance du rapport, comme il signe toute déposition. Il sera averti des délais lui permettant de contester ce rapport » (Welzer-Lang, 1988).

Dans les deux cas, on individualise une personne, se centrant sur elle, occultant le phénomène collectif dont elle est le produit. Bref, on cache l'articulation des rapports sociaux, des interactions dont elle l'exemple, le témoin ou le sujet. On lui permet une compréhension individuelle des effets qu'elle subit, mais JAMAIS des conditions sociales qui l'ont amené à être victime. On lui refuse la lutte, la révolte, l'appartenance à un collectif qui permettrait de réduire le nombre de victimes ! On lui refuse un plein statut de sujet : sujet désirant, sujet luttant. On renforce le pouvoir et l'extension (en nombre) des experts, et non la réduction du nombre de victimes. Ce faisant, les spécialistes, les « logues » contribuent à la dépolitisation des questions sociales.

Est-ce obligatoire ? Les « logues » sont-ils ou sont-elles toujours complices de la dépolitisation du social ? Est-ce lié implicitement ou explicitement à la situation d'expertise ? Je ne le pense pas. « L'appel des appels » ou d'autres initiatives citoyennes menées par les « psy » nous prouvent le contraire. Il est possible de mener de front l'articulation entre des analyses centrées sur l'individu et celles sociologisant le contexte. Mais, on quitte alors la victimologie qui s'avère être aujourd'hui le cadre privilégié pour penser le social, y compris an dehors de l'arène judiciaire.

1. La victimologie comme outils identitaire

Je travaille beaucoup sur les politiques du sexe et des sexualités, l'évolution des courants LGBTQ [1]. Tout se passe aujourd'hui comme si l'affirmation identitaire ne pouvait passer qu'à travers le prisme d'une victimologie catégorielle [2]. Pensons à la manière dont l'opinion publique est souvent sensibilisée à l'homosexualité masculine à travers les chiffres (supposés ou extrapolés en France, là où les instances de santé publique résistent à cette étude [3]) du suicide de jeunes garçons [4]. Comme si la simple affirmation des plaisirs provoqués par les désirs érotiques et les pratiques sexuelles n'étaient pas légitimes. C'est aussi sous l'angle de la « souffrance » que l'on aborde une simple question de droit individuel que posent les transsexuel-le-s et les transgenres.

De la même manière, les medias vont reprendre sans cesse le chiffre de 145 femmes victimes de violences qui sont tuées par an par leur conjoint, élever ce chiffre en symbole de la domination masculine, alors que ce dernier n'est que la pointe immergée de l'iceberg comparée aux 420 0000 femmes qui sont violentée tous les ans (Jaspard et *al.*, 2003) [5]. Remarquons

---

1. Lesbienne, gai, bisexuel, transgenre, queer.

2. Voir aussi les analyses très stimulantes d'Elisabeth Badinter sur cette question dans Fausse route (2003).

3. Alerté par les chiffres québécois, je me souviens pourtant être intervenu sur cette question à Paris, dès avril 1996 dans un colloque sur l'adolescence. Les collègues chercheur-e-s en santé publique nous avaient expliqué avoir « oublié » cet item dans leurs enquêtes sur les causes des suicides des adolescents. Ils/elles annonçaient remédier à cet oubli très rapidement... (Rey, 1996).

4. V. ainsi les travaux pionniers de Michel Dorais (2001), de Verdier et Firdion (2003), de Verdier et Dorais (2005)

5. Sur la discussion des chiffres avancés et les précisions concernant les violences physiques, voir l'article : Lebras Hervé, Iacub Marcela « homo mulierilupus ? » *in* Les temps modernes, n°623, pp. 112-134, 2003. Iacub et Le Bras font remarquer le flou de l'échelle utilisée par Jaspart. Pour eux, il faut retenir les 5% de femmes victimes de violences physiques.

d'ailleurs qu'en même temps 529 personnes (dont 31% de femmes) sont mortes dans un accident de travail.

On préfère dans tous les cas faire jouer l'émotion, la création d'empathie plutôt qu'exposer une analyse objective montrant l'absence de droit dans un cas, et la généralisation d'une oppression spécifique dans l'autre.

La victimologie, tout comme la psychologisation, et l'idéologie libérale qui nous présente les individus libres de leurs choix, tendent à remplacer l'analyse sociale des inégalités et des oppressions. Et les appartenances multiples (femmes et lesbienne ou bi ou trans, et noire ou métisse ou beur, homme et gai ou bi, et noir ou métisse ou beur) traitées sous l'angle de la concurrence des victimes et non de l'interconnexion, de l'interpénétration, de la consubstantialité (Kergoat, 2000) des rapports sociaux de sexe, de genre, de classe et ceux créés par l'ethnicisation post-coloniale des apparences.

2. Les victimes comme cache-sexe des politiques sécuritaires

Le dernier domaine que je vais évoquer provient d'une recherche « citoyenne » récente menée à Toulouse avec la Ligue des droits de l'Homme [6] sur le Tribunal des « comparutions immédiates », appellation actuelle de nos anciens « flagrants délits » Pendant 5 mois, du 1er février au 30 juin 2011, en 102 audiences, près de 50 auditeurs et auditrices volontaires (membres la plupart de la LDH ou *d'Amnesty International*) ont recueilli les données de 543 affaires (soit près de 50% des affaires annuelles) et retranscrit leurs

6. *Comparutions immédiates : quelle Justice ? Regards citoyens sur une justice du quotidien* été coordonné avec Patrick Castex, en collaboration avec Américo Mariani et Sébastien Saetta, sociologues, membres comme moi du LISST-CERS CNRS (UMR 5193) le traitement statistique réalisé par Frédéric Rodriguez (Professeur Agrégé de mathématiques), l'édition a été coordonnée par Mona Barcillon.

« observations [7] » concernant ces audiences. Puis auditeurs et auditrices ont entendu magistrat(e)s, avocat(e)s et professionnel-le-s du Droit. Seul le Procureur de la République a refusé de recevoir les membres de « l'Observatoire des comparutions immédiates ».

La conclusion de cette étude est sans appel : les comparutions immédiates sont une machine à envoyer les « mauvais pauvres », souvent jeunes et précaires, en prison : 50 % des prévenu-e-s ont moins de 30 ans, 50 % vivent avec les minimas sociaux. C'est aussi une justice qui interpelle l'ethnicisation de nos pratiques répressives : 55 % des prévenu-e-s ont une « apparence beurs », 10 % une « apparence noire » [8].

Quand on interroge le bien fondé de cette procédure « expéditive » et peu respectueuse des droits de l'Homme, deux arguments principaux sont évoqués :

1/ La réponse pénale rapide pour « punir », est efficace pour les auteur-e-s, et cet argument réfère à l'exemplarité de la peine [9].

---

7. On lira dans le livre consacré à cette étude de larges extraits de ces observations que l'on peut qualifier d'ethnographiques. Certaines sont utilisées dans cet article.

8. Ces données sont été recueillies en fonction de « l'apparence » des prévenu-e-s et non d'une présupposée appartenance « ethnique ». Signalons d'ailleurs que ces beurs et ces noirs, souvent français, sont moins souvent poursuivi-e-s pour des faits de violences individuelles ou collectives que les non-beurs ou les non-noirs. Mais dès qu'ils/elles ont un casier judiciaire avec 3 condamnations au moins, ils/elles ont plus de risques de partir directement en prison avec un mandat de dépôt décidé en audience. L'analyse montre comment ces personnes « colorées » sont liées à la politique du chiffre imposée aux services de Police, et aux « contrôles aux faciès ». subconséquents à cette politique.

9 Ce qui semble contestable au vu des taux de récidives : durant l'année 2008, 8% des personnes condamnées pour délits en France étaient en état de récidive légale, tandis que 27% d'entre elles étaient réitérantes (on parle de *réitération* lorsqu'une personne a déjà été condamnée définitivement, pour un crime ou un délit, et commet une nouvelle infraction, qui ne répond pas aux conditions de la récidive légale (art 132-16-7 du Code pénal). Les personnes

2/ L'intérêt des victimes, en particulier la plupart de nos interlocuteurs et interlocutrices mentionnent les violences conjugales.

3. Une justice expéditive par rapport aux victimes

La législation sur les droits des victimes n'a cessé d'évoluer ces dernières décennies. Comme le rappelle l'article préliminaire du code de procédure pénal : « L'autorité judiciaire veille à l'information et à la garantie des droits des victimes au cours de toute procédure pénale » [modifié par la loi n° 2011-392 du 14 avril 2011 - art. 1].

Et, comme le signale Xavier Pin (2006), nous sommes même passés de la « réparation du dommage ou du préjudice de la victime » à « la réparation de la victime », ce qui traduit certainement l'idée selon laquelle la victime est une personne brisée, dans son corps et son autonomie.

4. Plusieurs professionnel(le)s du droit nous ont vanté l'intérêt d'une réponse rapide de la justice pour la victime elle-même.

Le « traumatisme » vécu par la victime est d'ailleurs partagé par des auditrices de Toulouse qui évoquent dans leurs observations des situations personnelles :

> *A la sortie Madame N. a parlé des difficultés d'être la victime. Je compatis ayant été 2 fois victime d'un chien puis d'un pickpocket en Espagne. On a voulu à l'Hôtel de police de Toulouse me dissuader de porter plainte puisque j'avais fait une déclaration à mon assurance et que je serai indemnisée... Mais je suis têtue, j'ai donc passé pas mal de temps à faire établir une main courante contre « le chien » (en 2000) ; cependant j'ai fini par me contenter de la déclaration*

---

jugées en comparution immédiate sont quatre fois plus récidivistes que l'ensemble des auteur-e-s de délits (40% *versus* 8%).

espagnole établie à Barcelone très rapidement contre le pickpocket pour mon assurance... en 2005.

Dans les affaires que nous avons étudiées, il y a des victimes désignées ou représentées dans 37 % des cas. 90 % de ces victimes apparaissent dans les délits référents aux atteintes aux personnes (où des victimes sont présentes dans 63 % des cas) et les atteintes aux biens (où des victimes sont présentes dans 47 % des cas). Les délits où des victimes sont signalées, qu'elles soient présentes ou non, sont associés à de la violence dans 69 % des cas, avec arme dans 17 % des affaires.

Lorsque la victime a été agressée, elle subit une incapacité temporaire de travail (ITT) inférieure à 8 jours dans 52 % des cas, et dans 16 % le certificat médical indique une ITT supérieure à 8 jours. 21 % des dossiers sont associés à des violences sans ITT.

Dans 8 % des cas, les violences sont signalées contre des « agents dépositaires de l'autorité » : policiers, gendarmes, contrôleurs de bus. Ces cas sont aussi associés à des délits d'outrages. Si l'on en croit le travail de Didier Fassin (2011), comme les avis recueillis pendant notre étude, les outrages sont souvent invoqués pour justifier ou « couvrir » des violences policières.

La présence de victimes produit des audiences plus longues et l'ensemble des éléments de la procédure (présentation de l'affaire, réquisitions, plaidoiries, et délibéré) se rallongent. 11 % des victimes ont des témoins.

5. Une procédure peu respectueuse du droit des victimes

La rapidité de la procédure empêche bien souvent la victime d'être présente ou représentée. En fait, les victimes, lorsqu'elles sont présentes au commissariat, sont le plus souvent prévenues par la police de la rapidité de la procédure. Le Service d'aide aux victimes est requis par le procureur de la République, le jour même de l'audience, pour « porter assistance et aide aux victimes dans la procédure de comparution immédiate ». Dans la procédure, les victimes peuvent chiffrer à l'audience leur préjudice matériel, ou demander un « renvoi sur intérêts civils » pour avoir le temps (et les moyens) de le faire. Des avocat(e)s de permanence sont disponibles pour les victimes. Donc, a priori, un dispositif respectueux de leur droit.

Toutefois, la réalité est nettement plus contrastée et la plupart des professionnel-le-s que nous avons rencontré-e-s le signalent. Il y a bien sûr les victimes absentes. Que l'on pense à un cambriolage pendant les vacances ou une personne absente de Toulouse pour diverses raisons. Puis, il y a tous ceux et toutes celles qui ont déjà pris une journée ou une demi-journée pour les démarches requises et qui ne peuvent pas, ou ne pensent pas pouvoir, être disponibles pour l'audience.

Certaines victimes présentes ont signalé aux auditeurs et auditrices ces difficultés :

> *La victime étant venue par hasard s'asseoir près de moi, j'ai appris en bavardant que la police avait refusé de prendre sa déclaration, même d'établir une main courante entre 1h et 3h du matin, qu'elle partait à son travail vers 14h quand on l'a appelée pour l'informer que le prévenu passait en comparution immédiate à 15h30 ; elle est venue au Palais et a appelé son avocat alors.*

De même, quand le renvoi est demandé pour chiffrer les dommages, celui-ci est proposé après un long délai, parfois plus de 6 mois. On est loin de la réponse pénale rapide, chargée d'accompagner les victimes dans leur « reconstruction ».

Les chiffres du Service d'aide aux victimes valident nos propres constats. En 2010, sur 673 affaires où le service a été requis, 156 personnes se sont présentées seules, 200 ont été représentées par un(e) avocat(e) et 172 victimes averties ne se sont pas présentées. 146 victimes n'ont pas pu être prévenues dans les temps très courts qu'imposent les comparutions immédiates.

Sauf exception, que nous abordons plus loin, lorsqu'une victime de violences conjugales est préparée à la procédure par un travail avec les associations qui accueillent les femmes victimes de violences, la procédure des comparutions immédiates est peu respectueuse du droit des victimes.

Souvent d'ailleurs, les auditeurs et auditrices ont décrit des scènes où la victime semble dépassée par la procédure expéditive, quitte à en être maladroite.

> *La plaignante à force de vouloir être précise dans les circonstances des faits (pour être plus vraie) est devenue agaçante pour le tribunal ! L'avocat de la défense a bien su recadrer les faits.*

Quel que soit l'avis que l'on ait sur la victimologie, « fondamentalisme doctrinaire » pour Denis Salas (2005), la question des victimes - par la compassion qu'elle suscite et l'instrumentalisation politique dont elle fait l'objet - est sujette à de nombreux débats. De nombreuses lois liberticides ont été proposées au nom des victimes elles-mêmes.

On pourrait disserter pour savoir si la Justice est d'abord faite pour aider, voire « soigner », les victimes ou, principalement, pour montrer les limites sociales. Mais, avec plus de 22 % des victimes qui sont injoignables par les services d'aide aux victimes avant l'audience, d'autres incapables pour une raison ou une autre de s'y rendre ou se faire représenter, et, après avoir vu de nombreuses victimes ne comprenant pas le sens du rituel judiciaire et se sentir dépassées par cette forme de justice expéditive, d'autres affolées par la vitesse où elles doivent chiffrer les dommages, on ne peut pas invoquer la défense des victimes pour légitimer les comparutions immédiates.

A l'inverse de ce qui est souvent entendu, le tribunal des comparutions immédiates met en scène une procédure bien peu respectueuse du droit des victimes.

6. L'exemple des violences conjugales

Je l'ai signalé, les violences conjugales semblent constituer une exception qui légitime les comparutions immédiates, du moins qui valident la réponse pénale rapide. Regardons ce qu'il en est exactement.

Les violences conjugales, qui représentent ici 9 % des affaires traitées par le tribunal, sont des violences faites aux femmes dans 96 % des cas, et dans 4 % des affaires de violences contre les hommes. Elles sont d'une nature particulière. Cette thématique relativement récente s'est invitée aux comparutions immédiates, comme dans la société civile, suite aux actions de militantes féministes qui luttent contre ce fléau produit par la domination masculine dans le couple et la famille. Je l'ai indiqué, les violences conjugales sont aussi le sujet invoqué de manière redondante par nos interlocuteurs et interlocutrices qui ont voulu justifier la procédure expéditive des comparutions immédiates. Même si certaines critiques sont faites sur le déroulé précis du traitement judiciaire de ces violences particulières, la justice rapide, voire très rapide, semble bien correspondre à une grande partie des demandes des femmes victimes de violences qui, après avoir préparé leur séparation avec des professionnelles, décident de quitter leur conjoint violent et contrôlant.

Les violences conjugales ont ceci de particulier qu'elles ne peuvent se limiter aux coups : dans leur analyse, on doit intégrer qu'elles sont la plupart du temps l'expression d'un continuum de violences et de contrôle. Elles sont le mode de régulation d'une relation de domination et d'emprise que l'auteur, l'homme violent, considère normal au regard du rôle de conjoint, de père ou de mari qu'il s'attribue. Femmes violentées, comme associations qui les représentent, ne voient pas comment faire stopper les violences du conjoint sans une intervention forte et rapide des autorités (police, Justice) pour rappeler à l'auteur que non seulement les violences sont condamnables dans nos valeurs républicaines et égalitaires, mais qu'elles constituent aussi des délits dans la plupart du temps, des crimes dans quelques cas. De plus, comme dans de nombreux délits présentés aux comparutions immédiates, l'auteur a une forte tendance à nier ou minimiser la réalité des violences exercées. Un large accord est aujourd'hui réalisé sur l'importance de ne pas laisser ces hommes violents, archétypes du masculin, représentant la virilité oppressive, sans réponse pénale à leurs actes.

Nous avons observé deux cas de figures différents : Les victimes représentées et « préparées », et les autres.

7. Les victimes représentées et « préparées » et les autres…

Les victimes sont présentes dans 53 % des cas, et représentées par un avocat pour seulement la moitié d'entre-elles. Un certain nombre de victimes sont aidées par les associations qui accueillent les femmes victimes de violences. Elles utilisent alors les comparutions immédiates dans leurs stratégies de rupture avec leur conjoint. Le processus décrit par les associations est le suivant : quand une femme se plaint de violences répétées, un travail va être fait avec elle pour l'aider à quitter la relation d'emprise qu'exerce son conjoint. L'idée est d'éviter autant que faire se peut de provoquer un départ précipité d'une victime qui n'a pas encore réellement décidée de vivre « autre chose » que la relation de violence et de domination. Se plaindre des violences est un fait, faire le deuil d'une relation, même violente, quitter un homme que l'on a aimé, que l'on aime encore parfois (mêmes sans le révéler aux intervenantes) en est un autre. Pour ne pas l'avoir compris, de nombreuses associations ont vu les femmes victimes revenir auprès de leur conjoint assez rapidement.

Pour les femmes préparées, la plainte pour violences, et le passage aux comparutions immédiates, est alors l'aboutissement d'un processus. Et cela semble efficace ! Du moins dans la perspective de permettre à la femme de signifier la rupture, de l'acter. On me permettra de douter de cette même efficacité pour les auteurs de violence.

L'envoi en prison pour cause de violences conjugales est paradoxal. Les hommes violents poursuivis sont des hommes qui doivent quitter les visions virilistes des rapports entre hommes et femmes, apprendre qu'il existe d'autres modes de régulations que la violence. Or l'espace de la prison est structuré sur la loi virile des plus forts, la légitimité de la violence ; que ce soit dans la relation avec la violence légitime de l'Etat ou celle qui organise les rapports entre détenus [10].

Pour avoir accueilli les hommes violents plusieurs années de suite, je sais comment certains de ces hommes violents, réassurés de la légitimité de la violence masculine en prison, rechercheront (et trouveront souvent) une nouvelle compagne qui elle aussi aura à subir leur violence.

Mais, et surtout lorsque la stratégie de la plainte/passage immédiat au tribunal est sous-tendue par une concertation associations de femmes/magistrats, c'est un réel progrès, souvent un nouveau départ pour les femmes violentées.

Quels pourcentages sont-elles parmi les affaires entrevues ? Impossible de le dire. D'une part, l'information sur la « préparation » des femmes violentées nous a été fournie après nos observations, mais, en plus, il est difficile de trouver un indicateur statistique que puisse renseigner cette donnée.

A l'opposé, il est visible que certaines femmes sont dépassées par la procédure :

La victime retire sa plainte : est-ce par peur ?

Le prévenu est très anxieux, il pleure de plus en plus au moment du rappel des faits. De plus il parle de son amour pour sa femme, malgré les violences.

La fin de l'audience devient épique : alors que le tribunal se prépare à se retirer, la personne poursuivie demande [...] comment sa concubine va pouvoir récupérer les clés de son appartement. La victime déclare alors ne pas savoir ouvrir la porte : seul son concubin sait le faire. Le ton monte. Le tribunal hésite : lui donner les clés ? Mais le président est contre le fait que la victime puisse continuer à vivre chez son concubin, seul détenteur du bail. Il demande alors à la victime de se faire accompagner pour éventuellement récupérer ses

10. Voir à ce propos l'étude réalisée avec l'Observatoire International des Prisons sur les abus (dits) sexuels en prison : *Sexualités et Violences en prison, ces abus qu'on dit sexuels en milieu carcéral* (Welzer-Lang, Mathieu, Faure, 1996).

affaires et de retourner dès le soir même en foyer (alors pourtant qu'elle a expliqué qu'elle ne pouvait plus y aller). La victime qui est partie avec ses affaires, dit n'avoir laissé à l'appartement que de l'or : ses bijoux. L'audience s'achève par ces mots du président : « vous n'aurez qu'à écrire du fond de votre cellule une lettre qui autorise votre concubine à occuper l'appartement en votre absence ».

Finalement, on ne comprend pas comment cet homme est devenu violent après 3 ans de vie commune (était-ce depuis le début de leur histoire ?), pourquoi cette femme s'acharne à vouloir lui donner sa chance (est-ce seulement parce qu'elle est seule en France et que toutes ses attaches sont au Portugal ?). [...] Et puis, il me reste cette impression que les personnes concernées étaient spectatrices quand elles auraient du être les actrices principales, tout ça pour une histoire de langue.

Bien que la souffrance de cette femme ait été reconnue : la prison est-elle la solution pour le concubin ? Et à part la prison pour protéger la victime l'espace d'un mois, la justice n'a aucune solution pour l'aider et la laisse totalement livrée à elle-même. Il semble que le président est plus que sensible aux violences faites aux femmes et est donc sans complaisance pour les auteurs des faits. Toutefois, cette position de principe laisse une victime dans une détresse totale, sans ressources et à la rue. Une victime qui a trouvé pour seule solution à sa détresse, après une nuit à la rue, de se rendre au Pôle emploi...

Pour les victimes, le traitement judiciaire rapide des comparutions immédiates est parfois une condition facilitatrice mais il ne suffit pas. Pour certaines femmes arrivées aux comparutions immédiates suite à l'action des services de police, déjà mises en infériorité par leur conjoint à travers la violence et la domination, il est regrettable que l'audience rapide reproduise cette même domination ; qu'elles soient à nouveau désappropriées de leur vie, et que, dans les faits pour certaines, la seule porte de sortie envisageable soit alors le retour auprès de leur conjoint, sans avoir les moyens d'en négocier les conditions.

Les victimes, comme la victimologie sont pratiques. Elles contribuent par leur présence, réelle ou dans les discours, à individualiser des problèmes sociaux au profit des intérêts des classes dominantes et des « logues », des pseudos experts, qui – contre reconnaissance de leurs savoirs / pouvoirs – acceptent d'être complices de cette surpsychologisation du social.

En leur nom, et en les dépossédant de leurs droits, partiellement de leurs droits individuels mais aussi de leurs droits collectifs de sujets désirants capable de s'organiser collectivement, y compris dans les tribunaux dont elles servent de faire-valoir et de caution muettes et souvent absentes, on peut cacher des politiques sécuritaires qui expédient les « mauvais pauvres » en prison.

Les victimes sont la face cachée de la dépolitisation et de la psychologisation du social »

Bibliographie

Badinter Elisabeth, 2003, *Fausse route*, Paris, Odile Jacob.

Fassin Didier, 2011, La force de l'ordre : Une anthropologie de la police des quartiers, Paris, Seuil

Dorais Michel, Verdier Eric, 2005, Petit manuel de gayrilla à l'usage des jeunes. Ou *comment lutter contre l'homophobie au quotidien,* Paris, H&O.

Jaspard Maryse (dir) et *alii*, 2003, *Les violences envers les femmes en France,* Paris, La Documentation française.

Kergoat Danière, 2000, « Division sexuelle du travail et rapports sociaux de sexe » *in* Hirata Héléna, Laborie Françoise, Le Douaré Hélène, Senotier Danièle (dir.), *Dictionnaire critique du féminisme*, Presses Universitaires de France, 2000, pp. 36-44.

Pin Xavier, « Les victimes d'infractions définitions et enjeux », *Archives de politique criminelle*, 2006/1 n° 28, p. 49-72.

Rey Caroline (dir), 1996, les adolescents face à la violence, Paris, Syros.

Salas Denis, 2005, La volonté de punir, essai sur le populisme pénal, Paris, Hachette.

Verdier Eric, Firdion Jean Michel, 2003, *Homosexualité et suicide*, Paris, H&O.

Welzer-Lang Daniel, 1988, *Le Viol au Masculin*, Paris, l'Harmattan.

Welzer-Lang Daniel, 2005a, *Les Hommes violents*, Petite collection Payot, Paris

Welzer-Lang Daniel, 2005b, Arrête, tu me fais mal, la violence domestique 60 questions, 59 réponses, Petite collection Payot, Paris.

Welzer-Lang D. Castex P., 2012, Comparutions immédiates : quelle Justice ? Regards citoyens sur une justice du quotidien, Ligue des droits de l'Homme de Toulouse, Toulouse, Eres.

Welzer-Lang D., Dutey P. et Dorais M., 1994, *La Peur de l'autre en soi, du sexisme à l'homophobie*, Montréal, VLB.

Welzer-Lang D., en coll. Mathieu L., Faure M., 1996, Sexualités et Violences en prison, ces abus qu'on dit sexuels en milieu carcéral, OIP, Lyon, éditions Aléas.

2

La justice restaurative.
De la double reconnaissance des victimes d'infraction et de leurs auteurs

par Robert CARIO

Née au milieu des années 1970 dans les pays anglo-saxons [1], la Justice restaurative se développe progressivement sur le vieux continent, de manière plus ou moins prononcée dès la décennie suivante. A de rares mesures près (dans leur nature et leur prononcé), elle tarde curieusement à s'installer dans notre pays. Elle est pourtant pleine de promesses [2] en ces temps de crise que traverse, depuis quelques années, le Système de justice pénale traditionnel. Si cette crise du « tout répressif » est patente, elle ne doit pour autant pas occulter ses avancées considérables, précipitées depuis le siècle des Lumières et concrétisées par l'avènement récent des droits humains. Il est en effet soucieux de respecter les droits des protagonistes en conflit en assurant la prééminence du droit (principes de légalité, d'égalité, de garantie judiciaire principalement) et la

---

1. V. not. H. Zehr, Changing lenses : a new focus for crime and justice, Herald Press, 1990, 280 p. ; Ibid., La justice restaurative. Pour sortir des impasses de la logique punitive, Ed. Labor et Fides, 2012, 98 p.

2. V. not. R. Cario, *La justice restaurative Principes et promesses*, Ed. L'Harmattan, Paris, Coll. Sciences criminelles, 2è éd. 2010, 300 p. ; D. Salas, *La justice dévoyée. Critique des utopies sécuritaires*, Ed. des Arènes, Paris, 2012, p. 153 et s.

protection des personnes (principes de dignité, de protection de la victime, de présomption d'innocence essentiellement). Le procès pénal apparaît de plus en plus équitable (au travers des principes d'indépendance et d'impartialité des magistrats, de respect des droits de la défense, d'égalité des armes, de professionnalisme) et efficace (principes de proportionnalité et de célérité). Dans le même sens, la prise en compte de la personnalité des protagonistes (infracteur, victime et proches) et de leur environnement respectif, le souci de leurs attentes et la réponse à leurs besoins ont conduit à mettre à leur disposition des programmes d'accompagnement et de suivi (juridique, psychologique et social) dès la commission des faits jusqu'à leur réintégration la plus complète et harmonieuse possible parmi nous. La prise en compte, plus récemment, des potentialités complémentaires des mesures de Justice restaurative constitue une belle promesse pour l'épanouissement du Système de justice pénale.

1. La crise de la pénalité contemporaine et l'émergence de la Justice restaurative

Il demeure que la machine pénale tourne aujourd'hui toujours à l'aveugle : elle ne définit ni le crime, ni la sanction, ni la victime. Une telle liberté avec l'objet même de sa raison d'être n'est pas spécifique à la France mais frappe la plupart des pays au monde. Elle est lourde de conséquences en laissant le champ libre à toutes sortes d'interprétations et en évacuant toute possibilité d'évaluation des objectifs à atteindre. Or chacun de ces concepts-clés de la justice pénale peut recevoir une définition synthétique, sans beaucoup de problèmes… sinon celui, notamment, de devoir par-là même reconnaître explicitement les insuffisances fonctionnelles et les dysfonctionnements structurels du système actuel. Le *crime*, au sens large de la pénologie, se matérialise par une atteinte à une valeur établie comme fondamentale pour la pérennité humaine, sociale et culturelle du groupe au sein duquel le conflit a ainsi émergé. Il ne s'agit là que d'une application logique et cohérente des principes de justice et d'utilité, seuls de nature à légitimer et opérationnaliser l'incrimination des actes et/ou des comportements prohibés. La *victime* apparaît alors tout aussi logiquement comme une personne en souffrance(s). De telles souffrances doivent être personnelles, réelles, socialement reconnues comme inacceptables et de nature à justifier une prise en compte des personnes concernées, passant, selon les cas, par la nomination de l'acte ou de l'événement, par des soins médicaux, psychothérapeutiques, un accompagnement psychologique, social et / ou une indemnisation. Dans un tel contexte notionnel, la *sanction* (entendue au sens large des peines et des mesures de sûreté) de l'atteinte à ces valeurs sociales essentielles d'où résultent les torts causés aux victimes, consiste en l'infliction, par l'autorité judiciaire du groupe concerné ou ses représentants, d'une punition (incompatible avec toute forme d'humiliation), à toute personne reconnue responsable pénalement. Elle est tendue vers la resocialisation de l'intéressé et, plus globalement, vers la restauration de l'Harmonie sociale [3].

La crise de la pénalité moderne peut être aisément illustrée par quelques exemples tirés des dispositifs et des pratiques judiciaires répressives. L'inflation pénale – qui se grossit de surcroît d'enflure [4] – est si forte que les contentieux corrélatifs ne peuvent être utilement absorbés. Or « qui dit inflation dit dévalorisation : quand le droit bavarde, le citoyen ne lui prête plus qu'une oreille distraite » [5]. Le taux de classement sans suite des plaintes, dénonciations et procès verbaux de police

---

3. V. sur ces aspects, R. Cario, La Justice restaurative. Principes et promesses, *op. cit.*, p. 16 et s. : *Ibid, Introduction aux sciences criminelles. Pour une approche globale et intégrée du phénomène criminel*, Vol. 4, 6è éd. 2008, p. 177 et s. ; *Ibid.*, *De l'effraction du lien intersubjectif à la restauration sociale*, Vol. 2-1, 4è éd. 2012, à paraître.

4. V. J. Carbonnier, *Droit et passion du droit sous la Vè République*, Ed. Fammarion, 1997, p. 107 et s., spé. p. 109. l'auteur souligne encore, p. 136 qu' « avec le Code pénal, le trouble procéderait plutôt d'une impression d'accouchement perpétuel ».

5. V. Conseil d'Etat, *Rapport public 1991*, La Doc. Française, 1992-43, Coll. Etudes et documents,, p. 20.

judiciaire le confirme sans nuance : dans huit cas dix. L'intimidation individuelle de l'interdit pénal n'offre guère de meilleurs résultats. Sur les 15 000 interdits officiellement recensés (il y en aurait bien davantage, plus près de 30 000, éparpillés dans divers textes de portée plus ou moins pertinente), les juridictions pénales n'utiliseraient que 200 incriminations, 60 d'entre elles correspondant de surcroît à 90 % des condamnations prononcées [6]. Une dépénalisation massive s'impose donc d'urgence, de nature à rendre à leurs contentieux d'origine 80 % des conflits aujourd'hui trop facilement érectés en incriminations.

Bien que très souvent disproportionnée relativement à la gravité des faits commis (stabilisés massivement autour d'une délinquance d'appropriation), la réaction sociale s'affirme très sévère, la « prison ayant colonisé la peine » [7]. Et l'augmentation significative, ces dernières décennies, de la stratégie de « prisonisation [8] » (plus de 100 000 années de détention fermes prononcées en 2008) [9], malgré une surpopulation carcérale endémique (66 915 détenus au 1er juin 2012 pour 57 127 places opérationnelles) [10], le doublement de la durée moyenne de la peine délictuelle, l'augmentation des peines privatives de liberté comprises entre cinq et dix ans, la chute ahurissante des mesures de libération conditionnelle, demeurent sans effet sur le volume des transgressions [11]. Dans le même sens, le taux moyen

---

6. V. not. Y. Charpenel, Les rendez-vous de la politique pénale. Concilier devoir de justice et exigence de sécurité, Ed. A. Colin, Coll. Sociétales, 2006, p. 57.

7 . V. R. Merle et A. Vitu, *Traité de droit criminel. Problèmes généraux de la science criminelle*, Tome 1, *Droit pénal général*, Ed. Cujas, 7è éd. 1997, p. 900, citant M. Foucault.

8. V. G. Kellens, *Punir. Pénologie et droit des sanctions pénales*, 2000, Liège, Ed. juridiques de l'Université de Liège, p. 76 et s. et réf. citées.

9. V. P. Tournier, *In Arpenter le champ pénal,* 2010-175, arpenter-champ-penal.blogspot.com

10. V. *Arpenter le Champ Pénal*, pierre-victortournier.blogspot.com.

11. V. not. A. Kensey, Prison et récidive. Des peines de plus en plus longues : la société est-elle vraiment mieux protégée ?, Ed. A. Colin, Coll. Sociétales, 2007, pp. 79-159.

de récidive, y compris pénitentiaire, s'inscrit à un niveau anormalement élevé, sauf à observer – et la remarque est essentielle – que la récidive criminelle demeure très exceptionnelle [12]. Et que penser de l'incarcération de plus en plus fréquente de personnes dont le discernement était aboli au moment des faits ?

Or la morphologie du phénomène criminel ne justifie pas une telle sévérité. Quant aux actes, ils sont massivement délictuels, d'appropriation banale contre les biens, dont la possession est vantée indispensable dans nos sociétés d'hyper consommation [13]. Quant aux infracteurs, ils proviennent massivement des populations précarisées, accablées de multiples pauvretés [14]. Dans de telles conditions, une attention très sérieuse doit être portée aux contours du « marché » du crime, dont les logiques, strictement économiques, perverses, semblent paralyser toutes réflexions et actions humanistes à l'égard des exclus de nos civilisations occidentales.

Le « tout carcéral » présente ainsi de réelles limites pénologiques, alors que, paradoxalement, les sanctions exécutées au sein de la communauté (prononcées actuellement dans à peine plus d'une condamnation sur dix) apparaissent non seulement plus proportionnées mais encore moins coûteuses (sinon pour les placements sous surveillance électronique), plus efficaces à ne pas désocialiser davantage les condamnés.

---

12. V. not. S. Portelli, *Récidivistes. Chroniques de l'humanité ordinaire*, Ed. Grasset, 2008, 262 p. ; A. Kensey, Prison et récidive, *op. cit.*, pp. 161-219 ; A. Benaouda, A. Kensey, La récidive des condamnés à la perpétuité, *In Cahiers d'études pénitentiaires et criminologiques*, 2008-24, multigraph., pub. Administration pénitentiaire, 8 p.

13. Sur la démographie du phénomène criminel, V. not. R. Cario, Introduction aux sciences criminelles, *op. cit.*, p. 39 et s. ; P.V. Tournier, *Dictionnaire de démographie pénale. Des outils pour arpenter le champ pénal*, Ed. L'Harmattan, Coll. Criminologie, 2010, 210 p.

14. V. not. M. Chauvière et al., L'indigent et le délinquant. Pénalisation de la pauvreté et privatisation de l'action sociale, Pub. Fondation Copernic, 2008, 142 p. ; L. Mucchielli, L'invention de la violence. Des peurs, des chiffres, des faits, Ed. Fayard, 2011, 340 p.

La perte de confiance dans le système de justice pénale, aggravée par une perception erronée de l'insécurité criminelle, politiquement et médiatiquement diabolisée par rapport aux autres formes d'insécurité qui accablent certains de nos concitoyens les plus démunis, abusivement assimilée à la peur du crime provenant d'une expérience vécue de victimisation, est aujourd'hui patente. A un point tel que les victimes, de plus en plus souvent regroupées en association de défense de leurs intérêts *a priori* légitimes, investissent avec d'autant plus de force la scène pénale qu'elles en ont été longtemps écartées.

Dans le même temps, les impératifs du procès équitable ont conduit à offrir à la victime la place qui n'aurait jamais dû cesser d'être la sienne, es qualités d'acteur aux côtés de l'infracteur et du procureur. Il ne peut y avoir de vérité judicaire (co-construite par obligation) sans celle de la victime. L'égalité des armes est une nécessité démocratique, un impératif conforme aux droits humains et aux principes fondamentaux de droit criminel. Une telle posture ne va pas de soi et nombreuses sont les critiques relatives à la poussée « victimaire » actuelle, source « prétendue » de l'aggravation de la sévérité de la réponse socio-pénale à l'égard des condamnés. Fondés sur la rhétorique typiquement française de la dénonciation, *a priori*, les discours intellectualisés sur la « victime fantasmée », « désignée », « concurrente » ne résistent pas à l'analyse concrète du quotidien judiciaire de la « victime ordinaire »[15]. En effet, la victime d'actes graves, prise en compte tout au long de la chaîne pénale, notamment par les Services d'aide aux victimes, contredit une telle légèreté intellectuelle. Cette construction, à partir de prétendues représentations sociales – qui demeurent à démontrer scientifiquement –, du victimaire pour répondre, sans recul épistémique, au sécuritaire, rejoint en ses excès les prétentions pénales les plus populistes.

C'est dans un tel contexte que les mesures de Justice restaurative sont susceptibles d'offrir à l'Œuvre de justice son

---

15. V. R. Cario, Qui a peur des victimes ?, *In AJPénal*, Dalloz, 2004-12, pp. 434-436 ; *AJPénal*, 2009-12, pp. 491-494.

plein épanouissement. (Re)activations de pratiques traditionnelles, elles présentent en effet le suprême avantage d'avoir le souci de la sanction des actes, mais aussi de la réparation des personnes en vue de rétablir la paix sociale fortement compromise par le crime. Reposant sur le précepte philosophique de « reintegrative shaming » [16], la Justice restaurative entend, en ce sens, souligner le caractère inacceptable de l'acte commis et affirmer, de manière consubstantielle, l'amour que les proches et la communauté continuent de porter à celle ou celui qui endosse, avec sincérité, la responsabilité de l'acte criminel. Bien sûr, il ne peut s'agir que d'atteintes à des valeurs sociales essentielles (crimes, délits graves) car le traitement des incivilités, des manquements à la discipline sociale, des déviances comme des inadaptations (aujourd'hui abusivement pénalisées) ne sont pas du domaine de la justice pénale.

2. Les aspects conceptuels de la justice restaurative

De multiples définitions de la Justice restaurative sont disponibles. Elles illustrent la créativité à laquelle conduit effectivement cette manière de rendre justice autrement [17]. Plus concrètement, plusieurs critères essentiels permettent de la caractériser et de valider comme telles les mesures qu'elle promeut. Inscrite dans un processus dynamique, la Justice restaurative suppose la participation volontaire de tou(te)s celles et ceux qui s'estiment concerné(e)s par le conflit de nature criminelle, afin de négocier, ensemble, par une participation active, en la présence et sous le contrôle d'un « tiers justice » et avec l'accompagnement éventuel d'un « tiers psychologique et/ou social », les solutions les meilleures pour chacun, de nature à conduire, par la responsabilisation des acteurs, à la

---

16. J. Braithwaite, *Crime, shame and reintegration* (1989), Cambridge Univ. Press, 1999, 226 p.

17. V. not. T. De Villette, *Faire justice autrement. Le défi des rencontres entre détenus et victimes*, Ed. Médiaspaul, 2009, 247 p. ; R. Cario, *op. cit.*, 2010, p. 74 et s.

réparation de tous afin de restaurer, plus globalement, l'Harmonie sociale.

L'opérationnalisation des mesures de Justice restaurative provoque de réelles ruptures épistémiques au bénéfice incontestable du Système de Justice pénale, en totale complémentarité. Dans le modèle de justice pénale actuel, le crime est considéré comme un acte portant atteinte à l'Etat. La justice met exclusivement l'accent sur la responsabilité abstraite de l'infracteur, sur le passé de la faute, dans le but de lui appliquer la peine prévue par la loi. La justice est vue au travers d'une procédure d'opposition entre adversaires, infracteurs et victimes demeurant passifs, voire ignorés. Le droit positif réduit ainsi « la procédure à une question technique » [18]. La peine prévue par la loi est juste en elle-même, le respect des règles l'emportant sur les résultats.

Selon la philosophie restaurative, le crime est davantage une atteinte aux personnes et aux relations interpersonnelles. La justice a, par conséquent, pour but d'identifier les besoins et les obligations de chacun des protagonistes. La justice se conçoit comme un processus impliquant, de manière active, toutes les personnes intéressées. Par le dialogue, on encourage réciprocité et partage des émotions. La responsabilisation concrète de tous conduit à la recherche de solutions consensuelles, tournées vers l'avenir et destinées à réparer tous les préjudices. Les résultats, tout autant que le processus, apparaissent ici essentiels, comme l'indiquent les différentes mesures disponibles.

De telles ruptures sont profitables à tous les protagonistes, dans la complémentarité de la prise en charge des conséquences de l'acte criminel et des acteurs par le juge et de la prise en compte des répercussions du passage à l'acte criminel grave sur le lien social par les acteurs de la Justice restaurative (intervenant(e)s professionnel(le)s ou bénévoles adéquatement formés : médiateur, animateur, facilitateur). Les uns comme les

---

18. V. A. Garapon, D. Salas, *Les nouvelles sorcières de Salem. Leçons d'Outreau*, Ed. du Seuil, 2007, p. 138.

autres (infracteurs, victimes et leurs proches principalement) sont titulaires de droits conformes aux droits humains et aux principes fondamentaux du droit criminel. Ils se déclinent d'un point de vue éthique tout d'abord. La reconnaissance est une posture éthique fondamentale. La structure des relations de reconnaissance sociale s'organise, selon Axel Honneth, autour de trois caractéristiques qui participent de l'amour (vecteur de confiance en soi), de droits (vecteur de respect de soi) et de solidarité sociale (vecteur d'estime de soi) [19]. La reconnaissance est ainsi « fondée dans l'expérience de l'intersubjectivité [supposant] de considérer le lien comme plus essentiel que l'individu » [20]. C'est par le regard de l'autre, gratuit, que l'humanité se réalise, que se fonde l'humanité de la victime-sujet, de l'infracteur-sujet. « Le moi s'éveille par la grâce toi » précise encore Gaston Bachelard [21]. Ainsi, le lien social, blessé par l'acte criminel, pourrait être rétabli lorsque la re-co-naissance réciproque est de nature à offrir aux intéressés la possibilité de naître à nouveau ensembles.

L'accompagnement des intéressés, ensuite est primordial, en harmonie avec la reconnaissance. Accompagner, c'est se joindre à quelqu'un pour aller où il va, en même temps que lui, à son rythme. C'est aussi partager, dans l'empathie, les souffrances des protagonistes, certes de la victime mais encore de l'infracteur le cas échéant. De tels droits à l'accompagnement supposent que l'un et l'autre soient entendus par des professionnels rompus aux techniques d'écoute et d'entretien. Ils doivent être crus dans l'authenticité de leurs déclarations, présomption d'innocence et présomption de victimité obligent. Et compris (recours éventuel à un interprète). A un rythme qui ménage fatigue physique et psychique.

19. V. not. A. Honneth, *La lutte pour la reconnaissance* (1992), Ed. du Cerf, 2010, p. 116 et s.

20. V. H. Guéguen, G. Malochet, *Les théories de la reconnaissance*, Ed. La Découverte, Coll. Repères, 2012, p. 53-54.

21. Préface, *In* M. Buber, *Je et tu* (1935), Ed. Aubier Montaigne, Coll. Bibliothèque philosophique, 1992, pp. 8-9.

La réparation, des deux côtés du crime, doit être globale, intégrale et effective. Réparer, c'est prendre soin de l'autre, en tant que personne victimisée, dans la complexité de toutes les souffrances subies. La réintégration de la victime, ou de ses proches, parmi les autres humains est un devoir absolument impératif. Avoir affaire à des interlocuteurs professionnels compétents est un droit incontournable. Et ce n'est que par le respect de l'ensemble de ces conditions que toutes les facettes des droits de la victime, comme de l'infracteur, à réparation s'épanouiront.

La sanction de l'auteur apparaît également comme une nécessité éthique. Une atteinte grave ayant été portée à une valeur sociale essentielle, au Bien commun, la nomination de l'acte, de son auteur et de la victime est indispensable. Dans le respect pour autant des « droits » précités à la reconnaissance, l'accompagnement et la réparation, notamment des victimisations antérieurement subies par l'infracteur, non sans lien avec le passage à l'acte criminel pour lequel il est puni, en vue de sa resocialisation future, sens « officiel » de la pénalité moderne.

Au plan processuel, lorsque des poursuites sont effectivement engagées, ce qui est manifeste en cas de crime grave (sauf motif sérieux comme le décès de l'infracteur ou l'abolition de son discernement notamment), les droits de chacun doivent être conformes aux principes fondamentaux garantis par les droits humains et la procédure pénale. L'égalité des armes est inévitable si l'œuvre de justice doit conduire à la manifestation de la vérité, la sanction de l'auteur, la réparation de la victime et le rétablissement de la paix sociale. Ces objectifs sont rarement atteints de manière cumulative aujourd'hui. Une telle stratégie réductionniste, plus ou moins consciemment développée par notre Système de justice pénale, peut néanmoins être fortement corrigée par l'introduction en son sein, dans le cadre d'une authentique complémentarité, de mesures de justice restaurative.

3. La mise en œuvre des mesures de Justice restaurative

Les mesures de Justice sont d'origine et de nature diverses mais toutes ont en commun la volonté de favoriser la rencontre entre infracteur, victimes et parfois même leurs proches. Elles ont vocation à intervenir à tous les stades de la procédure, la plupart du temps « en face à face » : comme alternative aux poursuites (dans des cas de faible gravité qui gagneraient à être dépénalisés), durant l'instruction, au cours du jugement et dans le post sententiel voire en fin de peine. Les faits les plus graves ne doivent pas être écartés a priori, bien au contraire, dès lors que les conditions énoncées plus haut dans la définition sont remplies.

La médiation victime – infracteur [22] offre l'opportunité aux intéressés d'une rencontre volontaire afin qu'ils discutent des caractéristiques, des conséquences et des répercussions du conflit de nature pénale qui les oppose. C'est au début des années 1970 qu'une telle mesure de Justice restaurative a vu le jour au Canada, connue également comme l'expérience de Kitchener (Ontario). Ces *Victim Offender Reconciliation Programs* (*VORP*) ont été ensuite généralisés aux Etats-Unis, puis un peu partout en Europe sous le vocable de *Victime Offender mediation* (*VOM*). La médiation pénale (réservée aux adultes) et la réparation pénale à l'égard des mineurs en sont directement issues (L. 4 janvier 1993, art. 41-1 du C.p.pén. et 12-1 Ord. 1945).

La conférence du groupe familial [23] est inspirée des pratiques de « Whanau » (famille élargie) des Maoris, aborigènes de Nouvelle Zélande dont les liens familiaux et de parenté sont très forts et étendus, destinées à la prise en charge des infractions commises par les mineurs. Réintroduites dans les années 1980, elles ont été intégrées dans la législation pénale de ce pays en 1989 comme devant être

---

22. V. not. M.S. Umbreit and al., The handbook of victim offender mediation : an essential guide to practice and research, 2001, Jossey-Bass Inc., 425 p.

23. V. not. A. MacRae, H. Zehr, *The little book of family group conferences. New Zealand style: a hopeful approach when youth cause harm*, Good books Pub., 2004, 74 p. ; B. Sayous, Les conférences du groupe familial, *In* R. Cario, P. Mbanzoulou (Dir.), *La Justice restaurative. Une utopie qui marche ?*, Ed. L'Harmattan, Coll. Controverses, 2011, pp. 33-48.

systématiquement proposées avant toutes poursuites pénales à l'égard des mineurs. De telles *Family group conferences* (*FGCs*) sont aujourd'hui appliquées en Australie, aux Etats-Unis, au Canada, au Royaume-Uni et en Belgique notamment. La Conférence restaurative, en général, poursuit les mêmes objectifs que les médiations victime / infracteur mais réunit un nombre plus diversifié de participants autour de l'infracteur, de la victime et du médiateur / facilitateur. Se joignent à eux toutes les personnes ou institutions ayant intérêt à la régulation du conflit et/ou susceptibles d'apporter un support quelconque aux protagonistes directs. La conférence permet d'envisager ainsi les caractéristiques du soutien que l'environnement familial ou social est susceptible d'apporter aux intéressés en vue de les aider à retrouver leur place au sein de la communauté.

Le cercle de détermination de la peine (ou cercle de sentence)[24] est une adaptation moderne des pratiques autochtones des Premières Nations d'Amérique du Nord. Symbolisant tout à la fois l'égalité, la globalité, la terre et le cycle de vie, ils visent à apaiser les parties au conflit (victime, infracteur, leurs familles et proches et, surtout, la communauté), en présence des aînés, sous le contrôle et avec le soutien, selon les pratiques, de leurs avocats respectifs et des représentants des institutions judiciaires. Ce cercle a été intégré dans la justice pénale contemporaine dans les années 80 afin d'établir des liens de proximité entre les cultures et de partager l'exercice de la justice.

D'autres mesures s'en rapprochent, comme les Commissions vérité-réconciliation (CVR)[25] ou les Cercles de soutien et de

---

24. M. Jaccoud, Les cercles de guérison et les cercles de sentence autochtones au Canada, *In Criminologie*, 1999-32-1, pp. 79-105 ; Dickson-Gilmore J., C. La Prairie, *Will the circle be unbroken ? Aboriginal communities, restorative justice and the challenges of conflict and change*, Univ. of Toronto Press, 2005, 268 p.

25. V. not. S. Leman-Langlois, *Réconciliation et justice*, Athéna Ed., 2008, 194 p.

responsabilité (CSR)[26]. Les Rencontres détenus-victimes y occupent une place particulière en ce qu'elles offrent, après condamnation, un dialogue entre un « groupe » de condamnés et de victimes, anonymes[27].

Ces mesures de Justice restaurative se déroulent selon un protocole assez proche, à deux conditions préalables près : que l'ensemble du processus soit maîtrisé par un authentique professionnel, dans le cadre d'une préparation très aboutie. Quatre phases sont généralement identifiées : l'éligibilité (du cas, des personnes), la rencontre, la négociation, le suivi de l'accord, avec des variantes parfois importantes selon que la mesure est retenue dans le pré- ou le post-sententiel notamment[28].

Elles conduisent à des accords divers, portant sur les répercussions du crime, au-delà des conséquences directes du crime (sanction de l'acte, indemnisation des dommages sous leurs multiples préjudices) de la seule compétence du juge. Il peut s'agir, tout d'abord, au travers des échanges que permettent les mesures mises en œuvre, d'aborder les raisons pour lesquelles le crime a été posé, contre telle personne, dans telles circonstances. Les questions du « pourquoi » et du « comment » sont essentielles pour les victimes et leurs proches, mais d'une certaine manière pour les proches de l'infracteur et l'infracteur aussi (en termes de prise en compte des réalités concrètes des victimisations consécutives à son acte). Il peut s'agir ensuite de négocier les solutions les meilleures pour que les aspects de la vie quotidienne, très concrètement, soient aussi réparés, tant au plan familial que social, d'autant plus que les actes graves se déroulent entre personnes qui se connaissent dans la très grande majorité des

---

26. V. not. J.J. Goulet, Et si c'était ma fille ?, *In* R. Cario, P. Mbanzoulou (Dir.), *Ibid.*, pp. 63-68.

27. V. *Infra*, la contribution de P. Mbanzoulou ; R. Cario (Dir.), *Les rencontres détenus-victimes. L'humanité retrouvée*, Ed. L'Harmattan, Coll. Controverses, 2012, 164 p.

28. V. not. R. Cario, *op. cit.*, 2010, p. 122 et s.

cas (famille, lieu de travail). La sincérité de l'infracteur rend accessibles aux victimes les excuses sous forme diverses, favorisant par là la responsabilisation de l'infracteur. Les engagements pris par les communautés présentes lors de ces mesures augmentent inévitablement leur chance de réussite.

4. L'évaluation des pratiques restauratives

La satisfaction des intéressés ayant bénéficié de l'une des mesures restauratives précitées est réelle. Evalué scientifiquement, les sentiments des protagonistes convergent, comme notamment ceux d'avoir obtenu justice, de ressentir un apaisement physique, psychique voire même psychosomatique. La reconnaissance offerte par le processus restauratif est soulignée par tous comme la condition d'un possible retour (ou sa consolidation) parmi les autres êtres humains, car avoir la chance de pouvoir donner son point de vue est réparateur, quelle que soit la gravité du crime [29]. Magistrats et acteurs socio-judiciaires considèrent que la complémentarité entre les mesures de Justice restaurative et celle de la Justice est parfaitement viable, vecteur d'humanisation, facteur de gain de temps pour tous [30]. Ainsi socialisé, le désir de « vengeance vindicative et destructrice » s'estompe pour laisser place au partage, à la réciprocité, à l'intercompréhension, à la vengeance vindicatoire qui rend à nouveau actif, qui permet de reprendre le pouvoir sur sa vie. La peur du crime, comme expérience vécue, s'estompe à l'écoute des infracteurs, de la sincérité de leurs regrets et de leurs engagements pour l'avenir.

---

29. I. Aertsen, Victim-offender mediation with serious offences, *In Crime policy in Europe. Good practices and promising sample*, Ed. Conseil de l'Europe, 2005, pp. 75-86.

30. V. not. L.W. Sherman, H. Strang (Eds.), *Restorative justice : the evidence*, Smith Institute pub., 2007, 95 p., smith-institute.org.uk ; R. Cario, *op. cit.*, 2010, p. 138 et s. et réf. citées ; J. Shapland, G. Robinson, A. Sorsby, *Restorative justice in practice: evaluating what works for victims and offenders*, Willan Publishing, 2010, 256 p.

Si des coûts judiciaires, sanitaires et sociaux sont ainsi épargnés, il convient encore de remarquer – et ce n'est pas le moins important – que le taux de récidive est bien moins élevé, grâce à la responsabilisation subséquente du condamné. Prenant conscience qu'il appartient à la communauté, prête à l'accueillir de nouveau après s'être acquitté de ses obligations, il mesure clairement que c'est l'acte qu'il a commis qui est stigmatisé comme inacceptable, alors que lui-même demeure une personne, ayant toute sa place parmi les autres êtres humains.

Pour **conclure provisoirement**, les promesses de la Justice restaurative sont indiscutables. Rien de vraiment étonnant en cela. Si la Justice pénale traditionnelle répond aux *conséquences* de l'acte (punition de l'auteur en vue de sa resocialisation, réparation indemnitaire de la victime), au bénéfice des protagonistes directs, plus rarement au profit de leurs proches dans l'endroit comme dans l'envers du crime, elle laisse en suspens les *répercussions*, multiples, profondes et douloureuses engendrées par le crime. Dans le cadre des mesures restauratives, tout ce qui a affecté la vie quotidienne des personnes touchées par le crime (victime, infracteur, proches, communautés d'appartenance, voisinage) est envisagé et des réponses négociées entre tous sont proposées, au plus près des besoins des uns, au plus près des obligations des autres, au plus près des possibilités de tous [31]. Sous le contrôle et avec la validation du « tiers justice » et du « tiers psycho-social ».

Il importe donc d'inscrire en urgence la Justice restaurative dans le paysage juridico-pénal de notre pays. Car mises à part la médiation pénale (à l'égard des adultes et au seul stade des poursuites) et la réparation pénale à l'égard des mineurs (plus heureusement susceptible d'être prononcée à tous les stades de la procédure), l'arsenal restauratif français est bien pauvre. D'autant plus que ces mesures sont davantage destinées à

31. Sur ces aspects, V. R. Cario, *Victimologie. De l'effraction du lien intersubjectif à la restauration sociale,* Ed. L'Harmattan, Coll. Traité de sciences criminelles, Vol. 2-1, 3è éd. 2006, p. 144 et s.

« mordre » sur les classements sans suite que sur les poursuites mêmes (y compris en ce qui concerne les mineurs, puisque 90 % des mesures sont prononcées par le parquet), s'apparentant par là à des ajouts punitifs de nature à élargir, abusivement, le filet pénal tendu par les organes de contrôle social contemporains [32]. L'optimisme de l'action doit néanmoins ne pas céder devant le pessimisme de l'intelligence . En effet la Session de Rencontre détenus-victimes qui a été mise en place au sein de la Maison centrale de Poissy en 2010 augure de perspectives remarquables si le législateur veut bien lui donner force de loi [33]. Dans le même esprit, quelques sanctions « à visée » restaurative, en associant pleinement la victime à leur déroulement, pourraient être de nature à épanouir l'Œuvre de Justice [34]. Par la complémentarité entre le système de justice pénale (prenant en charges les conséquences de l'acte) et la Justice restaurative (prenant en compte ses répercussions), la question de l'existence même de la victime n'est plus taboue, car les mesures qu'elle prône ont le souci de tous, y compris de l'infracteur, comme des proches et des membres de leurs communautés d'appartenance. La remarque est essentielle car la victimologie scientifique et clinique souligne, dorénavant, la très grande vulnérabilité des protagonistes, leur proximité relationnelle, l'interchangeabilité de leurs rôles respectifs tout au long de leur histoire personnelle et de leur trajectoire sociale. La question de la prévention et de la lutte contre le phénomène criminel, des deux côtés du crime, est complexe d'humanité. Sa compréhension et son traitement nécessitent, impérativement,

---

32. Sur ces notions, V. not. S. Cohen, The punitive city : note on the dispersal of the social control, *In Contemporary crisis*, 1979-3, pp. 339-363 ; R. Cario, *op. cit.*, 2010, p. 142 et s.

33. V. not. R. Cario, P. Mbanzoulou, Les rencontres détenus victimes à la Maison centrale de Poissy : un retour d'expérience, *In Les chroniques du CIRAP*, 2011-11, Pub. Ecole Nationale d'Administration Pénitentiaire ; R. Cario (Dir.), *Les RDV*, Ed. L'Harmattan, Coll. Controverses, à paraître, 2012.

34. V. not. R. Cario, *op. cit.*, 2010, p. 163 et s.; T. Clay, P. Joxe, C. Lazerges, J.P. Mignnard (Dir.), *Manifeste pour la Justice*, Ed. Le cherche midi, Coll. Documents, 2012, p. 159.

une approche transdisciplinaire, que va garantir, enfin, l'intégration de la criminologie à l'Université [35].

N'oublions pas si facilement, cependant, que la victime pourrait bien ne plus exister si la prévention (notamment précoce) redevenait l'unique objet des politiques publiques d'intégration sociale harmonieuse de toutes et de tous, source d'épanouissement personnel et meilleur rempart à la résolution agressive (auto- et hétéro-) des conflits intersubjectifs qui inondent notre humanité. Et il s'agit là, simplement, à la manière du paradigme Bourdieusien, d'un utopisme rationnel, capable de jouer sur la connaissance du probable pour faire advenir le possible.

Pour aller plus loin

Aertsen I. et al., *Renouer les liens sociaux. Médiation et justice réparatrice en Europe*, Pub. Conseil de l'Europe, Strasbourg, 2004, 141 p.

Barats T., B. Fellegi, S.Windt (Eds.), *Responsibility-taking, relationship-building and restoration in prisons*, P-T Mühely publisher, Budapest, 2012, 327 p.

Elliott E., R.M. Gordon, *New directions in restorative justice. Issues, practice, evaluation*, Willan publishing, Vancouver, 2005, 310 p.

Gailly P., *La justice restauratrice. Textes réunis et traduits par...*, Ed. Larcier, Bruxelles, 2011, Coll. Crimen, 471 p.

Hinton A.L. (Ed.), Transitional justice. Global mechanisms and local realities after genocide and mass violence, Rutgers Univ. Press, 2011271 p.

Johnstone G., Van Ness D. (Eds.), *Handbook of Restorative justice*, Willan Publishing, Cullompton, 2007, 650 p.

Senon J.L., Lopez G., Cario R. (Dir.), *Psychocriminologie. Prévention, prise en charge, expertise*, Ed. Dunod, Paris, 2è éd. 2012, 528 p.

Ventura Miller H. (Ed.), *Restorative Justice : from theory to practice*, Sociology of Crime, Law and Deviance, 2008-11, JAI Press Inc., 208 p.

---

35. V. not. R. Cario, M. Herzog-Evans, L.M. Villerbu, *La criminologie à l'Université. Mythes... et réalités*, Ed. L'Harmattan, Coll. Controverses, 2012, 104 p.

Zehr H., B. Toews (Eds.), *Critical issues in restorative justice*, New York, Criminal Justice press and Willan publishing, Monsey, 2004, 417 p.

Zehr H., *La justice restaurative. Pour sortir des impasses de la logique punitive*, Ed. Labor et Fides, Genève, 2012, 98 p.

3

Mutualité de vulnérabilité(s) psychique(s) : duplicité victimaire et réciprocité vulnéraire

par Philippe GENUIT

Introduction

Dans cet article la question de la victime est envisagée dans une perspective épistémologique et sociolinguistique, dans l'interférence de disciplines différentes : religion, justice, médicale etc. La victime, ici analysée, est celle déterminée par l'acception judiciaire dans sa configuration occidentale actuelle, en ses deux vecteurs principaux : le *Droit Romain Germanique* et la *Common Law*. Un temps analyse le lien entre vulnérabilité [1] et victimité [2]. Un autre temps discute la notion

---

1. Vulnérabilité : de *vulnerabilis* « qui peut être blessé », « qui blesse », dér. de *vulnerare* de *vulnus* « blessure, plaie », au fig. « atteinte ».

Vulnéraire : A. Adj. 1539 « qui guérit les blessures (médicaments, plantes) »; B. Subst. 1. a) 1694 « médicament qu'on appliquait sur les plaies » b) 1891 p. ext. « cordial, vin » (Méténier, *Lutte pour amour*, p. 30); Empr. au lat.*vulnerarius* « relatif aux blessures », dér. de *vulnerare* « blesser ». cf. vulnérer.

2. Victime, subst. fém. A. – "Créature vivante offerte en sacrifice à une divinité" (grec *Thyma*) ; B. – P. méton. "Sacrifice" (grec *Thysia*) ; C. – "Celui

controversée de criminologie. Dans ce champ sont mis en avant deux points de vue divergents sur le rapport dichotomique ou mutuel de l'agresseur et de la victime. Découle de ce dernier point de vue la duplicité victimaire ; duplicité entendue dans la polysémie du double, du renversement, et de la dissimulation. Le troisième temps propose une analyse de la dynamique d'agression et de victimisation, ni totalement négative ou positive mais paradoxale, sous le concept de réciprocité vulnéraire en contraste de la duplicité victimaire. La conclusion revient à proposer un regard en écart par rapport à des discours apophantiques (qui proposent et affirment des évidences).

Evoquer la notion de victime, aujourd'hui suppose et impose de situer le moment et le lieu de l'énoncé, ainsi que l'évoque le titre de ce colloque, la partie *regards croisés et articulation des savoirs*. En terme de regard, « le point de vue crée l'objet » énonçait Ferdinand De Saussure. Autrement dit, l'objet est réalisé par le point de vue, perceptif dans le cas de la représentation animale et intellectif dans le cas de la désignation humaine. Le point de vue énonce la dynamique de deux principes : celui de causalité - d'où l'on regarde (vision) ; et celui de finalité - ce que l'on regarde (visée). Le point de vue crée mais n'épuise pas l'objet. Un point de vue n'écarte pas d'autres possibles. Le point de vue distingue la réalité dans la confrontation à d'autres regards. Un point de vue n'embrasse

---

qui subit une injustice". (droit grec antique *Pathon*, latin *Patiens*..d'où passion, pâtir).

Étymol. Empr. au lat.*victima* « victime, animal destiné au sacrifice », lat. chrét., p. méton. « égorgement, immolation; sacrifice »

Hist. A. *Ca* 1485 p. méton. « sacrifice » [Iphigénie / Agamemnon -Iliade] [Isaac / Abraham – Bible] B. 1. a) α) 1495 « créature vivante offerte en sacrifice au(x) dieu(x), à Dieu β) 1667 *victime de propitiation*, v. *propitiation*; 1718 *victime propitiatoire* (*Ac.*); γ) 1684 *victime expiatoire* b) 1642 en parlant de Jésus-Christ (Corneille, *Polyeucte*, V, 3, vers 1662); 2. 1604 « personne tuée ou blessée (par accident, crime, cataclysme, guerre, etc.) » [1884-85 *victimes du devoir*. a) 1606 « personne qui subit la haine, les tourments, les injustices de quelqu'un » b) 1625 « personne qui souffre des agissements d'autrui, ou de choses, d'événements néfastes ». Source CNTRL. 2012.

pas la totalité de l'objet. Le point de vue concernant « la victime » suit ce raisonnement.

Le vocable « victime » tangue entre le « sacré » (*Thysia – Thyma – Victima* : sujet ou objet du sacrifice religieux) et le « pâtir » (*Pathon – Patior* - *Patiens* - patient - celui qui subit). Dans cet article, ce n'est pas la victime sujet ou objet d'un sacrifice rituel, mais la victime qui pâtit d'une situation, d'une personne, d'un événement, dont il sera question. C'est-à-dire la victime stigmatisée et genrée patiente, dans la dichotomie: « *un* agresseur – *une* victime ». Une victime genrée, car il convient de remarquer que la notion est épicène et n'a pas de masculin, inversement à agresseur qui n'a pas de féminin. Idéologiquement cette orthographie dénote la stigmatisation de la femme comme victime et l'homme comme agresseur. Cette dichotomie, bien que mythique est énoncée en des termes conservateurs qui se veulent paradoxalement scientifiques. Le point de vue crée l'objet, disions-nous, au point que les écrits provenant de cliniciens, hormis de façon notable Suzanne STEIMETZ [3] et ses notions de *mari battu* ou d'*homme battu*, envisagent la violence conjugale quasi essentiellement dans la dichotomie, voire plus - le clivage : homme agresseur / femme victime. La notion proposée ici de mutualité de vulnérabilité psychique tentera l'apodictique (la démonstration), d'une dynamique dialectique, beaucoup moins clivée qu'il n'y parait fantasmatiquement ; voire si l'on se prête à l'étymologie du jeu de mot : fantastiquement.

Souvent le mot *victimaire* est utilisé dans une signification paradoxale, puisque dénotant le « ressenti par la victime », alors qu'il nomme, selon l'orthodoxie de la définition, la personne qui officie, ou est relatif au sacrifice ; autrement dit le bourreau. (*victimarius* = ministre du sacrifice, bourreau)

Le *-aire* de victimaire est la contraction de *agir*, comme le *-ation* de condamnation, manipulation, opération, etc. est la

---

3. Strauss, Gelles et Steinmetz, "Behind Closed Doors – Violence in The American Family", 1980.

contraction de *action*. *Aire* est l'agent de – ou celui qui fait – l'action, « qui s'occupe de », « chargé de ». On retrouve ceci par exemple dans les mots : sanitaire, judiciaire, sécuritaire, anniversaire, abécédaire, bancaire…hors de toute captation idéologique conservatrice (politique de droite) ou progressiste (politique de gauche). Ainsi la ceinture de sécurité (bien qu'il faille, métaphoriquement, la boucler) ainsi que la sécurité sociale, font partie du paradigme sécuritaire.

Enoncer la notion de *duplicité victimaire* intègre la polysémie du vocable *duplicité* qui désigne le *double*, le *renversement* et la *dissimulation*. Le double renvoie à la notion d'écho. Il ne s'agit pas ici de dire que la victime rencontre son double, inévitablement, en son agresseur ; pas plus qu'il ne s'agit de laisser à penser que la victime cherche l'agression, fut-ce inconsciemment. Il s'agit d'envisager le double dans cette capacité qu'a tout humain d'être contradictoire de façon immanente, ce qui se voit notamment dans le *renversement* de position de *patient* à *agent* [4]dans la commission d'actes incriminés et judiciarisés. Renversement que la psychanalyse désigne comme mécanisme de défense, notamment dans les névroses, mais aussi dans la dynamique perverse sado-masochiste.

Un des synonymes de vulnérabilité est faiblesse. La faiblesse, elle-même est fort souvent associée à la victime. Ce au point où par le passé, il suffit pour cela d'ouvrir des

---

4. Agent :"Celui qui agit ; en partic. tout être qui exerce une influence sur un autre être ; [chez Aristote] tout être qui, par son action, est responsable de l'actualisation d'un autre être seulement en puissance" 2. "Cause efficiente, cause qui provoque le passage de la puissance à l'acte" B. – P. ext. "Ce qui agit".

Cf. *ăgens, agentis* : – 1 – part. prés. de ago. – 2 – actif, vif. – 3 – efficace, puissant.

Patient : A. – "Qui subit qqc." B. – "Qui subit sans se plaindre, qui fait preuve de patience" C. – "malade " Cf. *pătĭens*, entis : part. prés. de patior. – 1 – qui éprouve tel ou tel état. – 2 – qui souffre, qui supporte, accoutumé à endurer, endurci à; patient, endurant. – 3 – qui permet, qui consent, indulgent. – 4 – dur, résistant, tenace.

dictionnaires anciens, « sexe faible » (*imbecillus sexus*) et « victime » désignaient « la femme ». La faiblesse entendue comme une tare a pu antérieurement équivaloir au danger, au point où personne vulnérable et « être dangereux » ou en danger (*estre en dansgier*) s'unissaient dans le rapport dominant / dominé. Est-il besoin de rappeler que « danger » est la transformation contractée de *dominarium* [5].

Ce qui semble évident et aller de soi comme la dichotomie agresseur / victime est sujette à caution et analyse, voire déconstruction et redistribution. C'est qu'exprime le professeur Jean GAGNEPAIN quand il parle de « Force naturelle » et « d'exploitation animale de la faiblesse » comme « conversion de la force ». C'est-à-dire : être capable d'une moindre force (faiblesse) qui donne l'élan pour donner un résultat supérieur. Cette dynamique est analogue à l'effacement symbolique de l'objet pour émerger à sa représentation. Dans ce point de vue, à confronter à d'autres possibles comme nous l'avons dit précédemment, le « Pouvoir » est l'aptitude à contrôler la force. Ainsi la faiblesse, la vulnérabilité, rendent nécessaire l'adaptation évolutionnaire chez l'animal et l'inventivité révolutionnaire chez l'humain. Adaptation et inventivité sans lesquelles nous n'aurions pas inventé, entre autre, la roue et domestiquer, plus ou moins génialement la nature, en révolutionnant notre propre nature. Dans ce sens l'*agir agressif* est preuve d'une vulnérabilité non transformée en conversion de la force. Cette vulnérabilité non transformée est en écho mutuel avec le *subir victimal*, si tant est que soit validé ce néologisme. Il ya donc en ce sens un « écho », un « mimétisme », une « mutualité de vulnérabilité » (faiblesse, fragilité etc.) entre l'agresseur qui agit son « incontrôle » de la force et la victime qui subit sa « non exploitation de sa faiblesse ». Cet écho, cette similarité, généralement n'est pas consciente, au point où ce que

---

5. *Dominarium, domnarium* avec peut-être infl. de *dam** pour le vocalisme initial (en face de l'a. fr. *dongier*) employé en Gaule du Nord pour *dominium* « propriété, droit de propriété » d'où « domination, puissance, droit ». Le sens de *danger* « péril » est peut-être dér. de l'expr. *estre en dangier* « être à la merci de quelqu'un » d'où « être en péril ». Cf. C.N.R.T.L.

les latins nommaient « *injuria* »[6] - le *jugement faux* ou estimation erronée, et que certains de nos contemporains désignent par le vocable « distorsion cognitive » - se réalise dans la « mésestime », la « maladresse », la « méprise » où la « malencontre » comme la nommait Étienne de LA BOETIE. L'inverse de cette mutualité de vulnérabilité non transformée et agie de façon de malencontre victimaire (agression et victimisation par incontrôle de la force) est la réciprocité vulnéraire où la rencontre de vulnérabilité convertit et contrôle le rapport de force (rencontre amoureuse, lien parent / enfant etc).

Le renversement de la faiblesse en conversion de la force (naturelle) est ce que les grecs antiques nommaient *Sophia* : c'est-à-dire la double attitude (technique et éthique) à contrôler la force. La *Sophia* (habileté – manœuvre / sagesse pratique) était opposée au *Logos* (raisonnement). Cette opposition perdure jusque dans nos rationalisations actuelles du « passage à l'acte » comme *acte sans parole* chez Jacques LACAN et du « recours à l'acte » comme *défaut de mentalisation* chez Claude BALIER. L'opposition actuelle est de forme exclusive : acte ou parole. Chez nos prédécesseurs *Sophia* et *Logos* ressortissaient tous les deux à la *Psyché* ou *anima* latine, et donc au *mens*.[7] Un acte pouvait être *demens* mais ne pouvait pas être *amens*. Il n'y avait d'acte humain, fut-ce t-il fou – criminel ou sans parole, que mentalisé.

Sans la vulnérabilité, et sa duplicité structurale – la faiblesse naturelle et son exploitation, la conversion de la force - l'être serait comme la plante soumis aux forces naturelles. La *Sophia* dans sa double attitude, technique et éthique, à contrôler la force énonce la duplicité du pouvoir : Pouvoir technique =

---

6. injurĭa, ae, f. [in + jus] : Jugement faux – erronné – 1 – procédé injuste, acte contraire au droit, injustice. – 2 – procédé offensant, outrage, affront, offense, injure, insulte. – 3 – mauvais traitement, tort, préjudice, dommage, lésion. – 4 – dureté (injuste), sévérité (injuste), rigueur (injuste). – 5 – objet pris injustement. (Lebaigue p. 637 et p. 638).

7. Et aussi à *Noïa = mens* (d'où mentalisation, *demens :fou) ; Gnosé = cognitio* (d'où cognition).

Habileté, *cleverness – to can, Geschicklichkeit – können ;* Pouvoir éthique = Sagesse pratique, expertise, contrôle de soi, *wisdom – to may, klugheit – dürfen.*

Sociologiquement la Loi encadre le pouvoir sous la « coercition ». Le « contrat » est éprouvé comme une « contrainte », « l'obligation » vécue envers l'autre (responsabilité) est éprouvée comme un « injonction » (soumission).

La dichotomie mythique « agresseur *cruel* : victime *fragile* », trop polie pour être honnête, telle qu'elle est assénée dans les écrits judiciaires ou sanitaires, tient peu compte des analyses de nos prédécesseurs. En cela elle entrave le raisonnement clinique et scientifique, par des vérités entendues et attendues. L'*evidence based medicine*, elle-même mise au pinacle de la modernité ne différencie pas dans la « preuve », ce que les cliniciens, physiciens et juristes antiques dissociaient en *Kriterion* et *Techmérion. Kriterion* [8] (*criterium* – critère) dans la « probation » du *Logos*, ce qu'aujourd'hui nous nommerions « critère de vérité » et *Techmérion* [9] « preuve pragmatique ». Critère de vérité du *Nullum sine Lege* et preuve pragmatique de l'*Habeas Corpus*, autrement dit Droit Romain nominaliste et *Common Law* finaliste, pérennisent la tension entre le *Logos* et la *Sophia*, la parole et l'acte, comme deux visées antagonistes d'une même réalité [10].

---

8. κ ρ ι τ ή ρ ι ο ν – Kritèrion « règle pour discerner le vrai du faux », dér. de κ ρ ί ν ε ι ν –krinein « juger ».

9. Τεκμήριον – tekmérion, « signe de reconnaissance » d'où « preuve probante par le raisonnement » est un indice sûr, celui qui est ce qui est et qui ne peut pas être autrement. « Il faut remarquer que l'utilisation du terme *techmerion* ou *tekmerion*, dans son acception classique, a la signification de « signe », « indice », en tant que « trace » du passage, mais aussi, dans le lexique médical, celle de « symptôme », selon l'usage du terme par Hippocrate et Galien. La pensée n'est que « symptôme » d'autre chose, de laquelle elle ne peut faire abstraction, parce qu'il est impossible de penser une *medicina mentis* détachée d'une *medicina corporis* ». Manuela Sanna, « La métaphysique comme question de méthode », *Noesis*.

10. cf. Antoine GARAPON.

« Autrement dit, nous sommes dans l'histoire, nous ne pouvons pas faire comme si d'autres n'aient pas existé, n'aient pas marqué leurs temps en bien ou en mal. Bref nous ne pouvons pas ne pas témoigner des différentes convulsions que représente une vie scientifique. Nous sommes, nous aussi, dans l'histoire. Si modeste que soit notre place, à chaque fois elle ne serait pas ce qu'elle est si d'autres ne nous l'avaient pas plus ou moins dessinée.

Il est certain que par nos résistances nous contribuons aussi à l'histoire. Ce n'est donc ni « le tout est dit » qui passe pour de la culture (*comme votre serviteur à l'appétence hellène*) et « ce que nous découvrons est nouveau », qui fait de son impuissance un style, et de son ignorance une anti-culture (*comme beaucoup de Psy contemporains de tous poils*). Pour prendre une comparaison, que penserions-nous de quelqu'un qui croirait se nourrir en transformant son estomac en garde-manger ? Tout ce qu'on met sur la table, ça a beau être analysé, il est certain qu'une fois dans l'estomac, ça fait de la bouillie, mais d'autre part, si vous conserviez dans l'estomac bien rangée toute la camelote que vous trouvez chez le boucher, chez le boulanger ou chez l'épicier, ce serait du garde-manger, il n'y aurait pas digestion ; il n'y a digestion que si cela se transforme, c'est-à-dire si vous en faites autre chose que c'est, c'est-à-dire votre propre cuisine [11]. Les théories sont comme les casseroles à la cuisine, ce n'est pas ce qu'on consomme ; mais sans les casseroles pas de transformation, ni d'appropriation » [12].

La clinique contemporaine, à l'instar des analyses anciennes – mais refoulées, nous enjoint de dépasser le côté mythique et fallacieux de la dichotomie agresseur / victime, telle qu'elle nous est encore anachroniquement proposée, voire imposée. Deux auteurs, Nicolas MACHIAVEL et Etienne de LA BOETIE ont marqués au XVIème siècle, à quelques dizaines d'années de

---

11. Cf. GOETHE : « Ce que tu as hérité de tes pères, acquiers le pour le posséder », cité par FREUD pour annoncer son célèbre « *Wo es war, soll ich werden* » célébré par LACAN.

12. Jean GAGNEPAIN, « Une autre conception de la recherche », 1983.

différence, l'analyse entre l'agresseur et la victime, et cela bien avant ce que Michel FOUCAULT nommera *Naissance de la clinique*, et l'émergence au XIXème siècle de la criminologie ainsi qu'au XXème de la victimologie . Si leurs analyses ne sont pas cliniques au sens de la *Klinikè technè* (savoir faire, art clinique médical) elles le sont au sens ancien de *Klinikè épistémé* (science clinique) des physiciens [13]. Ils analysent la nature (*Physis*) humaine dans ses rapports au pouvoir, et la transformation de l'agressivité – impulsivité – domination / soumission naturelles dans le rapport pouvoir / obéissance.

Dans « *De Principe* ou *De Principatibus* » 1532, traduit de façon restreinte par « Le Prince », alors qu'il analyse autant le *principe* du pouvoir que celui qui l'exerce à savoir le *prince*, Machiavel sous les mots de *Fortuna* et *Virtu,* réfléchit sur le rapport et les conséquences entre *Force naturelle* et *force morale* (cf. faiblesse : conversion de la force) du côté de l'agent. LA BOETIE, lui, dans le « *Discours de la servitude volontaire* ou *Contr'un* » [14] en 1576, analyse le rapport du pouvoir et de l'obéissance, de la domination et de la soumission, de l'agir et du pâtir, du côté du patient.

La *fortuna* est une force non humaine, la chance, bonne ou mauvaise, qui intervient dans les affaires humaines. La *virtù* (traduit abusivement par « vertu », et renvoyant plus à la notion de *virtuosité*), principale qualité du prince, renvoie à une disposition humaine de réaction, ou de non réaction, face à l'évènement. S'exerçant dans et à travers la *fortuna*, la *virtù* est au cœur de l'art du prince.

En 1605, Francis BACON cite plusieurs fois MACHIAVEL dans son traité *Du progrès et de la promotion des savoirs*, affirmant notamment que le mérite du Prince est qu'il fait voir clair dans le jeu des tyrans, permettant ainsi de s'opposer : « Car il en est de même que la fable du basilic – s'il vous voit le premier, vous en mourrez ; mais si vous le voyez d'abord, c'est

13. Cf. LEUCIPPE, EMPEDOCLE, HIPPOCRATE.

14. Jeu de mot entre *Contr'un* et contraint(e).

lui qui meurt –, pour les tromperies et les artifices, qui perdent vie s'ils sont découverts les premiers ; mais s'ils agissent d'abord, ils sont dangereux. Ainsi nous sommes très redevables à Machiavel et à d'autres, qui ont écrit ce que les hommes font, et non ce qu'ils doivent faire ».

A la virtuosité (dextérité) ou habileté (*Sophia*) du détenteur de pouvoir répond son négatif la *Mal-adresse* [15] de l'agent agresseur. En contraste chez la victime (le patient qui pâtit) à l'obéissance répond son négatif la *Malencontre* [16] dans les conditions de l'asservissement.

« ...***Vient le secret de toute domination : faire participer les dominés à leur domination*** ». cinq cent ans plus tard : Pierre Bourdieu, analyse d'une manière similaire « *La domination masculine* » [17], ... et l'*hystérésis* (après coup) de *l'habitus* [18] (état d'esprit).

« Pourquoi obéit-on ? ». « Un homme ne peut asservir un peuple si ce peuple ne s'asservit pas d'abord lui-même. Les uns règnent par l'élection du peuple, les autres par la force des armes, les derniers par succession de race ». « Les hommes nés sous le joug, puis nourris et élevés dans la servitude, sans regarder plus avant, se contentent de vivre comme ils sont nés et ne pensent point avoir d'autres biens ni d'autres droits que

15. Mal-adresse : dans la polysémie d'être maladroit et se tromper d'adresse. La victime est souvent imago écran d'une figure transférentielle dans le passage à l'acte exutoire ; Ce n'est pas à la victime réelle que s'adressent le désir et l'agir destructeurs. GENUIT Philippe. 2007 « La criminalité féminine : une criminalité épicène et insolite. Réflexion d'épistémologie et d'anthropologie clinique », Thèse de psychologie, p. 258, UHB Web.

16. Malencontre : 1174 «mauvaise rencontre; contretemps, malheur» *mal encontre* (Guernes de Pont-Ste-Maxence, *St Thomas,* éd. E. Walberg). 1576 « Discours de la servitude volontaire » Etienne de LA BOETIE.

17 In Actes de la recherche en sciences sociales, no 84, septembre 1990, p. 2-31.

18. Habitus : L'origine de ce concept est à rechercher dans la pensée scolastique_de Thomas d'Aquin, qui a utilisé la notion d'habitus pour traduire le terme aristotélicien d'*hexis (état, manière d'être).*

ceux qu'ils ont trouvés ; ils prennent pour leur état de nature l'état de leur naissance »… « Le tyran est soutenu par quelques hommes fidèles qui lui soumettent tout le pays. Ces hommes sont appelés par le tyran pour être « les complices de ses cruautés ».

« La première raison de la servitude volontaire, c'est l'habitude ». « Nous ne sommes pas nés seulement en possession de notre franchise [liberté], mais aussi avec affection de la défendre ».

« *L'habitude nous joue des tours…* », chante le poète : notre disposition personnelle aussi ! L'une conjuguée à l'autre favorise la *situation vulnérante* [19], où la vulnérabilité de *l'agent vulnérant* (le victimaire) peut *malencontrer* la vulnérabilité du *patient vulnéré* (la victime), et ce dans des confins inattendus. Cette malencontre est souvent difficilement repérable pour l'un et l'autre tant ils sont, en écho, sous l'emprise de *l'habitus* (éducation, transmission familiale) et de leur diathèse (vulnérabilité physique ou psychique). Et les grecs s'y entendaient pour analyser ce rapport malencontreux quand ils désignaient sémantiquement la proximité de l'obéissance, de la croyance et de la confiance, jusqu'à la soumission [20]. Penser que nous échappons à cette proximité serait illusoire. La soumission légale à l'autorité est proche de celle plus ou moins légitime à un tyran, que celui-ci soit représenté par un gourou ou les propres pulsions de la personne – comme asservissement à la puissance intérieure. Et l'asservissement de la victime à une puissance extérieure (le prince) côtoie toujours dans le *principe* l'intime conviction du juge. En d'autres mots : la malencontre de mutualité de vulnérabilité psychique entre l'*agresseur vulnérant* et la *victime vulnérée* est possible parce que humainement, ce côté obscur de la force est l'inverse la rencontre de réciprocité (vulnéraire) entre celui qui convainc et celui qui observe une obligation conjointe. Et le renversement

---

19. Concept emprunté au professeur Loïck. M. VILLERBU.

20. *Peitho* = persuasion, conviction…*Pistis* = confiance, croyance…*Peitharchia* = obéissance, observance, compliance…*disciplina.*

de *victimaire* (agression) en *vulnéraire* (guérison), est du même type, bien qu'inverse, du renversement de *victime* en *agresseur*, que tout praticien du droit et du soin connait bien dans l'histoire des sujets de leur magister, tient du même principe psychique dialectique (contradictoire) qui définit l'humain.

Si le grec ancien habite la clinique thérapeutique, le latin habite la clinique juridique (au sens de *kliniké épistémé*), et l'*injuria* romaine, au-delà de sa seule traduction en injure, résonne et raisonne du *jugement faux.* Jugement faux, comme sentence erronée, mais aussi comme mésestime, nommée aujourd'hui distorsion cognitive…ainsi traiter une femme de salope, mais aussi un délinquant de lie de l'humanité ou un enfant d'instigateur de rapport sexuel avec un adulte est à envisager sous l'angle d'un même déficit de jugement critique.

Et la question du rapport sociolinguistique et axiolinguistique au jugement (*Krinein, krimein, krisis, crimen*) montre que les torsions cognitives à l'œuvre dans l'acception du terme criminologie, lieu de l'analyse *du rapport agresseur-victimaire /agressé-victime*, sont proches des distorsions cognitives du pédophile où la force l'emporte sur sa conversion.

Le mot ***Crime,*** issu du grec ***Krima***[21] (objet de débat, de contestation, de jugement, tant comme analyse - que punition) est emprunté à son descendant le latin ***crimen***. Ce mot a signifié à l'origine « *ce qui sert à trier – crible, à décider* », puis « *décision* », mais, en passant dans la langue juridique, il s'est spécialisé au sens de « *processus judiciaire* » puis « *décision judiciaire* ». Par déplacement, il s'est appliqué à l'acte sur quoi se fonde cette décision, le grief, l'accusation, l'inculpation, souvent avec une valeur péjorative due au contexte pénal. L'accusation se confondant avec l'acte délictueux lui-même, *crimen* a fini par désigner dès l'époque classique « l'*action*

---

21. Cf. Aude CASSAYRE « La Justice dans les cités grecques », PUR, 2010.

coupable », perdant ainsi tout rapport sémantique avec *cernere* et surtout *krima.*

L'acception actuelle de crime et de criminologie fait fi de la signification initiale du concept, ce par inculture ou incuriosité, comme le disait MONTAIGNE… notre acception de crime manque paradoxalement de discernement, comme l'auteur d'une vulnérabilité victimaire. Cependant cette journée et ses intervenants montrent que le débat n'est pas figé et que le croisement de regards nous aide à confronter le point de vue mythique de la dichotomie « agresseur / victime » avec le point de vue scientifique de la « situation vulnérante » ; *mythe* et *science* se croisent dans le langage, de même que *magie* et *empirie* se croisent dans l'acte. Que cet acte soit *à droit* (acte juridique, où force reste au droit et à la loi), ou *mal-adroit* et *mal-encontreux* (acte violent, dans les scénarii de détournement et/ou de destruction, où la vulnérabilité ne transforme pas, ni ne contrôle la force naturelle. Que celle-ci s'exprime sous forme d'agressivité ou d'impulsivité).

4

Éléments de psycho-victimologie

par Pascal PIGNOL

Introduction : l'irrésistible émergence de la victimité

C'est peu de dire que la victime s'est imposée au monde médico-psychologique ces dernières décennies dans la diversité sans cesse renouvelée de ses figures possibles, à mesure que nous appréhendions et concevions les multiples formes de violences susceptibles d'être à l'origine de cette « condition » : violences, physiques, sexuelles, psychologiques, catastrophes naturelles ou technologiques, accidents, violences ponctuelles (agressions, attentats…) ou réitérées (maltraitances, incestes, harcèlements, violences intraconjugales…), abus de pouvoir et abus de confiance, violences d'état…, toutes à l'origine de constructions cliniques et théoriques novatrices.

Mais, en deçà, c'est la société occidentale dans son ensemble qui est traversée par la question des victimes, non d'ailleurs sans controverses toujours vives au point que chez certains toute position victimale se trouve indexée d'un jugement *a priori* critique quant à sa légitimité, selon une rhétorique assimilant toute recherche de reconnaissance de dommage à une forme, soit de consumérisme, soit d'irresponsabilité ou encore d'immoralité ; comme si s'affirmer comme victime constituait une échappatoire à ce qui échoit à chacun, son destin personnel, et s'apparentait à une revendication indue dans son principe : une forme d'abus.

L'on ne s'étonnera pas que le monde psy ait pu être saisi par les mêmes interrogations quant aux significations à apporter à un tel phénomène et aux réponses à, éventuellement, y apporter. Et si des courants théoriques et cliniques, comme la psychotraumatologie et la victimologie clinique, se sont formés au plus près de ce qu'ils ont conçu comme de nouvelles problématiques jusque-là méconnues et justifiant dès lors le développements de dispositifs et de modalités d'approche psychologique renouvelées, une opposition à ces positions s'est par ailleurs formée, protéiforme, en contestant vigoureusement la pertinence.

Il est vrai que la victime ne pouvait d'abord apparaître que comme une sorte d'intruse, être hybride au croisement de préoccupations essentiellement juridiques, sociales et morales. Ni concept ni entité clinique, elle semble engager le psy dans un domaine qui non seulement ne lui est pas familier mais encore auquel il prend habituellement bien garde de ne pas se mêler, celui des questions sociales et juridiques, et des pratiques où les normes collectives semblent prendre le pas sur la condition subjective et ses aléas ; sinon à courir le risque, craignent certains, d'y perdre leur éthique et donc leur identité.

N'en irait-il avec la plainte « victimaire » tout au plus que d'un « nouveau symptôme », sorte de manifestation contemporaine de structures déjà connues ne justifiant au bout du compte d'aucune spécificité théorique et clinique ? Ou bien y-t-il à concevoir une clinique psychologique de ce qui serait une forme nouvelle de souffrance, la victimité et ses aléas, à la fois soucieuse des dérives toujours possibles auxquelles toute problématique liée à la normativité expose le clinicien, et de la prise en compte de ce que la clinique au quotidien auprès des sujets victimés laisse entrapercevoir comme problématiques irréductibles à toute autre ?

L'analyse laisse à penser que ces questionnements persistants tiennent à un certain nombre de malentendus, et notamment :

- aux premiers questionnements de la victimologie autour de la possible « culpabilité » des « victimes », questionnements non dénués d'ambiguïté faute d'avoir su différencier culpabilité et responsabilité psychiques, et culpabilité et responsabilité juridiques ;

- à une méconnaissance des conditions historiques et anthropologiques sur le fond desquelles cette préoccupation générale pour les victimes s'est formée et s'est développée : la victimité ;
- à l'usage insuffisamment explicité en psychologie de la notion de victime telle qu'empruntée au droit, pouvant laisser accroire de la part de ceux en faisant usage à une absence de distance critique à l'égard de sa dimension normative et des détournements consuméristes, ou encore populistes, dont elle peut faire l'objet ;
- à l'usage extensif, et dès lors surdéterminé, de celle de trauma dont le champ épistémique et épistémologique autorise tous les glissements de sens, désignant à un extrême la dimension effractante d'un événement de vie, à l'autre le corollaire inhérent à l'accès au registre du « symbolique ».

Tel est alors le pari et le parti pris de la psycho-victimologie : dépasser ces malentendus en concevant et développant une appréhension véritablement phénoménologique l'être-victime et de ses aléas psychiques, trois questions en devenant centrales : qu'est-ce que suppose au plan subjectif de s'appréhender comme tel ?, quels en sont les enjeux et les risques propres ? Et en retour, quels dispositifs et approches cliniques spécifiques concevoir dans une visée d'évaluation et d'accompagnement ?

1. Une anthropologie de la victimité

C'est faute d'avoir dégagé les soubassements anthropologiques contemporains sur le fond desquels elle est devenue une réalité sociale et psychologique commune que l'on appréhende trop souvent la victime dans la dimension sacrificielle et expiatoire à laquelle elle était attachée, en particulier dans les cultures grecques et latines. Références trompeuses car la victime telle que nous la connaissons aujourd'hui ne pouvait émerger que dans un univers socio-moral pour lequel la reconnaissance et la réparation des dommages subis sont devenus des exigences incontournables : « notre » victime est née de l'émergence de la société civile et de l'affirmation de nouvelles modalités de penser et de gérer politiquement les rapports de l'homme aux désordres du monde et au malheur, dans une vision devenue essentiellement sociale, et non plus morale, de ceux-ci.

L'on peut dénommer cette dimension anthropologique d'un terme générique, celui de ***victimité***. C'est elle qui participe à faire de la victime, comme du «psycho-traumatisé », des figures centrales de notre univers. Elle apparaît comme une modalité collectivement partagée de concevoir les aléas de nos histoires individuelles et collectives (Fassin et Rechtman, 2007), au sens où elle représente une nouvelle dimension existentielle constitutive de la personne et une modalité renouvelée de rendre compte à soi-même et à autrui d'une multiplicité de registres d'expériences ayant en commun de représenter de « nouvelles figures de l'intolérable » (Fassin et Bourdelais, 2005). Elle se déploie ainsi dans de multiples espaces sociétaux ayant leurs objets et leur temporalité propre, si bien que le fait victimal, résultant de la convergence en une même figure (ou fiction) d'un ensemble protéiforme de préoccupations collectives, n'est pas homogène. Il est une construction sociopolitique ou, aurait pu dire M. Foucault, un « mode de gouvernance », au sens où il engage des stratégies collectives et individuelles de gestion préventives et postventives et plus fondamentalement une conception du monde avec tout ce qu'elle suppose d'évidences, de « vérités » concrètes et opératoires.

Nous ne ferons ici qu'esquisser certaines des dimensions de sa constitution, choisies en raison de leur caractère exemplaire.

Du fils de Dieu au citoyen ou l'invention de la société civile

S'il fallait donner à l'émergence de la victimité la figure d'un événement fondateur, ce serait la catastrophe de Lisbonne en 1755 qui en représenterait la première expression ; non pas tant du fait de son ampleur (la destruction de la ville et la disparition tragique de 60 000 de ses habitants), ou encore de l'émoi et de la compassion qu'elle a suscités à travers toute l'Europe, mais surtout de la réflexion philosophique nouvelle qu'elle a initiée. Elle fait ainsi figure de la première catastrophe au sens contemporain du terme, celle à partir de laquelle le Déluge cesse d'être la matrice quasi exclusive d'appréhension des désastres, de leurs causes et des modalités de s'en prémunir (Walter, 2008). A l'évidence de la Providence attentive à signifier aux hommes leurs écarts et à les en punir, se substitue chez les philosophes des Lumières, comme J.J. Rousseau et Voltaire, une réflexion promouvant une conception nouvelle de la société fondée sur l'idée d'une responsabilité de la communauté des hommes dans la survenue des malheurs qui lui adviennent, contre la Théodicée leibnizienne soutenant l'existence d'un mal inhérent à la création divine (Dupuy, 2005).

Leur réflexion préfigure ce qui sera l'une des grandes inventions du 19ième siècle, sur les principes affirmés par la Révolution française, et conduira à notre moderne « socialisation des risques » (Conseil d'Etat, 2005) et à leur couverture collective toujours plus développée et diversifiée, sous l'égide d'un Etat devenu « providence » (Ewald, 1986). Le temps n'est plus où il revenait à chacun d'assumer avec ses seules ressources les malheurs qui pouvaient lui survenir, soit parce que ceux-ci représentaient nécessairement la sanction d'une vie moralement corrompue, soit parce que l'ordre naturel du monde était ainsi fait, et qu'il revenait à chacun de se prémunir du malheur par ses vertus, sa prévoyance,... ou encore son fatalisme. Tout événement funeste en devient dès lors *accident*, c'est-à-dire fait social justifiable de dispositifs collectifs de partage des dommages qu'il peut engendrer.

C'est à juste titre que l'on a mis en avant l'importance des catastrophes ferroviaires dans cette construction moderne de l'accident tant elles incarnèrent pour le 19ième siècle une sorte de face obscure de la technologie et des progrès qu'elle était sensée apporter à tous, une sorte de « deus ex machina » d'autant plus incompréhensible qu'il semblait frapper aveuglément et sans le moindre discernement ses victimes.

Mais une autre forme de désordre va jouer un rôle déterminant dans l'affirmation de la victimité, en raison des enjeux sociaux, politiques et juridiques majeurs que sa solution va engager : les accidents du travail. Pendant près d'un demi-siècle, ils seront au centre de débats et de luttes et donneront lieu à un texte de loi dont les principes déborderont le seul monde du travail et inspireront progressivement une multiplicité de politiques sociales.

Pour mesurer l'importance de la loi de 1898 instituant la responsabilité automatique de l'employeur en cas d'accident du travail, même en l'absence de faute de sa part, il suffit de revenir un court instant à l'année 1839 et à l'arrêt pris par la cour d'appel de Toulouse confirmant la décision de celle de Lyon trois ans plus tôt pour une affaire semblable : le rejet de la demande de réparation faite à leur patron par deux ouvriers blessés dans le cadre de leur travail. Le motif de ce rejet fut d'affirmer que les risques de dangers encourus par un salarié au service d'un patron sont compensés par le salaire touché et font partie intégrante du contrat les unissant, ne justifiant d'aucune couverture obligatoire complémentaire.

La loi institutionnalise ainsi un principe nouveau emprunté aux dispositifs assuranciels, celui de la « responsabilité sans faute », forme jusque-là inédite de concevoir la justice non plus sur la base d'une cause imputable, mais d'un *risque* dont la survenue possible renvoie à des régularités indépendantes de la conduite de chacun. La notion de risque opère un déplacement radical de l'approche des dommages, substituant à la question de sa cause et de sa possible imputation celle de la répartition de sa charge : « Originellement catégorie de l'assurance, elle allait devenir une catégorie sociale générale. Elle ne sert pas seulement à penser ce qui serait, en soi, des accidents ; c'est plutôt parce que certains événements sont pensés comme des risques qu'ils deviennent des accidents. » (Ewald, p. 20). On la trouvera plus tard au fondement de la couverture maladie, de l'assurance chômage, des droits automatiques à la pension de retraite…, dans une extension infinie de son champ d'application.

Les agressions sexuelles et la question du genre

S'il fallait trouver un autre champ particulièrement illustratif de la formation de la victimité siècle, ce serait sans conteste celui des « violences sexuelles » et de l'évolution récente que connait leur conception. Ce qui s'y révèle central est la reconnaissance, l'appréhension et la réparation des dommages occasionnés par des actes considérés comme fautifs et juridiquement répréhensibles.

Ce sont les travaux historiques et anthropologiques de G. Vigarello (1998) qui font ici référence en ce qu'ils montrent l'évolution de nos mentalités dans la représentation que nous nous formons du sexuel et des atteintes dont il peut faire l'objet, du 18ième siècle à nos jours.

La préoccupation pour la sanction a longtemps pris le pas sur toute autre considération dans un processus judiciaire qui, centré presque exclusivement sur la faute morale de l'auteur, n'accordait aucune place à la « victime » hormis celle au mieux de plaignant et, quand sa plainte était recevable, celle de témoin. Ont longtemps essentiellement prévalu des critères dont il a précisément fallu se défaire pour en arriver à notre victime pénale et à sa reconnaissance, dans un processus d'ailleurs toujours en cours comme le montre les difficultés de la justice restaurative à s'imposer (Cario, 2006 ; Cario et Mbanzoulou, 2008). Des attentats aux mœurs, qui en font une forme de luxure exposant auteur et victime à une même honte et réprobation publiques, aux agressions sexuelles l'appréhendant comme l'une des formes les plus graves d'atteinte à la personne, le viol se voit profondément redéfini dans sa conception et sa définition juridique.

Cette évolution est sous-tendue par celle de la définition des délits et des crimes, de leur hiérarchie en termes des sanctions auxquels ils exposent, de la recevabilité d'une plainte et de la crédibilité d'un témoignage qui tiendront longtemps au statut social et juridique des protagonistes tant Il ne sera, jusque récemment, jamais indifférent d'être un homme, une femme, un enfant, d'être respectable ou d'avoir des mœurs et/ou une réputation jugées « douteuses »...

A l'encontre de la médecine légale en plein développement au 19ième, avec notamment A. Tardieu (1859) qui s'attache à fonder la reconnaissance juridique des agressions sexuelles sur des éléments objectivables, la suspicion continuera de longtemps peser sur les plaintes des enfants et des femmes. Parallèlement aux considérations sur les « hystériques accusatrices » (Garnier, 1903), une notion issue de l'évolution de la psychiatrie, projetée sur l'examen de crédibilité de ces plaignants, offrira longtemps une caution scientifique à cette suspicion : la mythomanie d'E. Dupré (1905). Elle se définit comme une tendance constitutionnelle, « plus ou moins volontaire et consciente au mensonge et à la création de fables imaginaires », trouvant ses racines naturelles dans l'enfance mais pouvant perdurer à l'âge adulte chez des femmes et des hommes, ces derniers présentant alors « des stigmates corporels et psychiques d'infantilisme ou de féminisme ». L'on conçoit ce que de telles positions, appliquées à l'examen médico-légal d'enfants et de femmes viendront invalider par avance toute crédibilité à leurs allégations.

Il faudra attendre les années 1960, avec notamment le mouvement féministe s'érigeant contre la justification naturaliste des places des hommes et des femmes dans la société, et le profond bouleversement que connaissent nos mœurs, pour qu'un ensemble significatif de redéfinitions s'opèrent dans le champ pénal, que les agressions sexuelles commencent à être appréhendées comme de véritables atteintes à la personne et que les dommages consécutifs à celles-ci puissent être chez leurs victimes progressivement reconnus et juridiquement pris en compte. Le procès d'Aix en Provence en 1978 représente en France un révélateur des positions les plus conservatrices en la matière et un catalyseur pour l'affirmation de nouveaux droits, dont ceux des femmes (Vigarello, 1998).

2. Victimes et trauma

Quand le ciel nous tombe sur la tête comment savoir encore ce qu'est le ciel et ce qu'est notre tête puisque l'un et l'autre se sont trouvés entraînés dans une même chute ? Le monde s'en trouve littéralement écrasé car amputé d'une de ses dimensions existentielles de déploiement : la hauteur, véritable « profondeur verticale ».

Bien peu de notions sont à disposition pour dire un tel désastre existentiel et ses retombées lointaines.

Effroi, panique, détresse (Crocq, 2003) certes appréhendent au plus près les premières réactions du sujet aux prises avec la catastrophe, dont Ferenczi (1932), dans un autre domaine, a su montrer qu'il s'agissait déjà là de défenses psychiques érigées dans l'urgence et l'imminence létale. Essai de pétrification du monde en une image figée (l'effroi (Lebigot , 2002)), désertion de celui-ci (la fuite panique), ou encore abandon à son écroulement (la détresse), représentent autant d'ultimes tentatives de maintien d'une présence au monde, au sens phénoménologique.

Mais, qu'en est-il des modalités d'existence qu'il se trouve dès lors contraint de reconstruire sur les ruines et la dévastation qu'a laissée la catastrophe, de cet être abandonné du monde et de lui-même? L'on entend souvent dire qu'elle a un avant et un après, à ceci près que cet avant est une reconstruction nostalgique *a posteriori* qui porte déjà de toutes parts la marque de l'après : l'avant « d'après l'après » n'est pas l'avant « d'avant l'après », « avant jusqu'alors inconnu qui s'impose sur la certitude de ses fondations détruites » (Villerbu, 2004). Un avant à jamais perdu. Le désastre peut n'être en cela jamais dépassé, il reste imminent, possibilité toujours actuelle, inscrite dans le présent (ce que l'on dénomme ailleurs le syndrome de répétition) et dans le devenir comme un toujours-possible ; ainsi la « crainte de l'effondrement » si finement décrite par Winnicott (2000).

Des modalités singulières d'être en résultent, mi familières mi étrangères, auto persécutrices comme la honte (Scotto Di Vettimo, 2006), ou encore la culpabilité (Ciccone et Ferrant 2009)..., parce que perpétuant contre leur gré la marque du chaos qui les a initiées. Et les concepts manquent pour dire « cet être privé d'être » (O. Douville), ou encore selon C. Malabou (2009), cet être nouveau « sans généalogie », « personnage méconnaissable dont le présent ne provient d'aucun passé, dont le futur n'a pas d'avenir », cette « improvisation existentielle absolue » (p.10).

Une notion s'impose alors, hégémonique : le trauma, avec tous les malentendus et controverses auxquelles elle expose et dont les moindres ne sont pas celles, aux enjeux toujours d'actualité, qui conduisirent Freud et Ferenczi à s'opposer sur la nature endo- ou exo- gène (fantasme versus réalité) des événements à sa possible origine.

L'on oublie pourtant trop souvent que le trauma n'est pas une réalité, aussi évidentes que ses manifestations cliniques semblent en attester, mais un concept, c'est-à-dire une modélisation se voulant explicative des retombées notamment psychiques de certains événements sur ceux les ayant traversés.

Ce sont les premiers accidents de chemin de fer qui sont à l'origine de la notion, en réponse à une question d'ordre d'abord juridique : à qui, et sur quels motifs, imputer la charge des troubles présentés par certains rescapés de ces accidents ? Question d'autant plus problématique que ces troubles apparaissent atypiques dans leur expression, ne se laissant appréhender ni par le champ de la maladie mentale, ni par celui des traumatismes physiques lésionnels et l'anatomo-pathologie. Les premiers experts sollicités pour éclairer la justice étant des chirurgiens, c'est à la chirurgie et à ses modèles d'alors que l'on doit non seulement le terme de traumatisme en même temps que ses premières conceptions.

C'est donc une perspective expertale sous-tendue par l'impératif de faire la part des choses entre authentique pathologie et simulation frauduleuse qui est à l'origine des premières théories du traumatisme sur les modèles de la commotion physique et du choc chirurgical, les seuls alors à disposition susceptibles de rendre compte d'atteintes sans lésions externes apparentes. De là viennent les notions de *Railway spine* et de *Railway brain* suivant l'hypothèse générale qu'une concussion périphérique pouvait, par un effet de diffusion, engendrer des microlésions dans d'autres parties de l'organisme. Les connaissances de l'époque conduisirent à localiser celles-ci au niveau de la moelle puis du cerveau.

Quand la neurologie deviendra la référence, en naîtront deux grandes constructions qui s'opposeront presque point par point et donneront lieu à controverses :

- la névrose traumatique d'Herman Oppenheim (1888), selon un modèle réflexologique de constitution d'un arc réflexe entre un choc physique périphérique et un choc nerveux central, l'un et l'autre se renforçant mutuellement ;
- l'hystéro-traumatisme de Jean-Martin Charcot (1890) accordant au traumatisme local, quelles que soient sa nature et son intensité, le rôle tout au plus d'un révélateur d'une diathèse héréditaire sous-jacente ayant elle seule véritable valeur étiopathogénique.

À partir des années 1910 ce sera la physiologie et son modèle toxicologique qui proposera une nouvelle construction du traumatisme, cette fois comme un choc émotionnel auto intoxicant : analogiquement aux exo-intoxications provoquées par l'effet de certains produits et substances, une émotion violente est susceptible de provoquer une réaction physiologique de l'organisme, émotion suffisamment forte et perturbante pour que celui-ci s'en trouve intoxiqué. Le traumatisme trouve alors sa place dans le champ de la confusion mentale qui en représente le nouveau paradigme. Il s'agit, on le voit, d'un lointain précurseur du modèle du stress comme réaction adaptative de l'organisme face à une situation à laquelle il n'était pas préparé et « dépassé » par l'excès même de sa réponse ; conception à l'examen bien proche de l'idée freudienne de débordement du pare-excitations par un afflux massif et inintégrable d'excitation venant de l'extérieur. Et l'on trouvera dans les années 1960 une construction formellement identique, à ceci près que le modèle allergique s'y substitue au modèle toxicologique, ce qui donnera lieu à la théorie du traumatisme comme « allergie émotionnelle » (Sivadon, 1953).

Lorsque les sciences proprement humaines du psychisme, avec notamment la psychanalyse, se saisiront de la question du traumatisme, celui-ci se verra absorbé par la psychopathologie et ses premières constructions, et c'est l'hystérie qui en représentera le paradigme initial. Dès lors, il ne sera progressivement plus qu'un fait de structure dont l'événement vient révéler la *spaltung* constitutive du sujet psychique. Ainsi Freud affirmera-t-il que « l'on peut tout de même à juste titre caractériser le refoulement, qui est à la base de toute névrose, comme une réaction à un traumatisme, comme une névrose traumatique élémentaire » (1918, p. 247). J. Lacan (1973, 2005) ne cessera d'approfondir cette voie et, à partir de son triptyque Imaginaire-Réel-Symbolique, et en concevra le trauma comme tenant à une mauvaise rencontre, la « rencontre du réel ».

L'étude attentive de l'évolution de la pensée freudienne, de la neurotica aux dernières élaborations autour de l'angoisse et de la castration, fait cependant ressortir au moins cinq conceptions distinctes et homogènes du traumatisme, dont l'examen attentif interdit de trop vite penser qu'elles ne constitueraient que des constructions successives et transitoires d'une seule et même réalité clinique ne tenant qu'à l'évolution générale de la pensée de l'inventeur de la psychanalyse : neurotica, trauma d'après-coup, trauma par effraction du pare-excitations, par réveil de l'angoisse de castration, liés aux premiers refoulements originaires.

Un auteur cependant fait à l'époque exception, S. Ferenczi (1932), qui accorde un rôle central aux agressions externes (ou plus exactement à la « confusion de langue » et à son désaveu) subies dans l'enfance dans la constitution de certaines névroses.

Parallèlement, l'invention des psychothérapies avec notamment les « médications psychologiques » de P. Janet (1889, 1928), fourniront les bases d'un traitement des traumatismes devenus désormais « psychologiques » : travail visant la remémoration et la verbalisation de l'événement, liquidation « purgatoire » des émotions qui lui étaient restées attachées, intégration de celui-ci dans l'activité mentale du sujet par « l'acte de mémoire » en rendant possible l'inscription dans son histoire.

À partir des années 1960, la situation se complexifie singulièrement avec le développement d'approches de plus en plus diverses et peu conciliables du traumatisme.

Émergent et s'affirment, d'un côté de nouvelles disciplines comme la victimologie clinique et la psychotraumatologie, de l'autre une psychanalyse sortie de son cabinet de consultation pour aller à la rencontre des « nouvelles souffrances » psychiques aux prises avec une « mélancolisation » du lien social (Douville, 2008). Chacune, avec ses outils cliniques et conceptuels, s'attache à reconsidérer l'importance des événements de réalité, leurs impacts et leurs effets délétères, et invente de multiples formes d'interventions sur de toutes autres bases que la psychothérapie traditionnelle. Le champ multiforme des situations extrêmes, tant dans leur dimension collective qu'individuelle (catastrophes, naturelles, industrielles, humanitaires, victimisations, situations de précarité…), en représente un terrain clinique d'intervention particulièrement riche en inventions.

Parallèlement, dans une perspective beaucoup plus classique, des approches inspirées autant par Ferenczi que par Freud, et aussi Lacan, s'efforcent d'intégrer dimension fantasmatique et de réalité des « événements traumatiques » autour de considérations renouvelées sur le processus d'après-coup (voir par exemple C. Janin (1996), J. Laplanche (1985, 2006)), au plan métapsychologique le narcissisme et les états dits limites (Green, 1999), ou encore dans des recherches approfondies sur les traumatismes primaires (R. Roussillon (1991)…

L'histoire de la notion de traumatisme est ainsi faite des multiples modélisations conçues à son propos au gré des disciplines et de paradigmes à en avoir proposé une théorisation. Sa lecture critique fait ressortir son caractère grandement surdéterminé en tant que concept tant il recouvre une multiplicité d'acceptions et appréhende une diversité d'enjeux faisant dès lors plus ou moins massivement écran les uns aux autres : cliniques, psychopathologiques, métapsychologiques, politiques, institutionnels, disciplinaires, professionnels… (Pignol, 2011). L'on voit notamment se former une fracture entre une pensée continuant de privilégier les questions psychopathologiques et métapsychologiques ainsi que des pratiques essentiellement individuelles sur le modèle de la cure, et une pensée qui, sans se détourner de ces dernières, s'ancre d'abord dans des préoccupations d'ordre praxéologique et s'efforce de réfléchir la question psychique à partir du social et du politique. Pour cette dernière, toute reconstruction engage la mise en jeu de dimensions normatives et axiologiques qui, pour être portées par chacun jusque dans son inconscient, n'en sont pas moins collectives et font de nous des citoyens : l'on ne peut se reconstruire que suivant les voies culturellement prescrites et partagées. C'est là que prend tout son sens et toute son importance le concept de victimité.

3. Victimes et victimologies

Sur de toutes autres bases que la sémiologie et la psychopathologie, la victimologie clinique a dégagé un espace clinique original autour de la question du dommage et du rapport développé par les victimes aux dispositifs socio-judiciaires de réparation.

C'est M. Baril qui a ouvert cette voie à partir des années 1970, son ouvrage de référence, *L'envers du crime*, affirmant un projet alors profondément novateur : l'étude des victimes non plus appréhendées comme un paramètre de la situation criminogène, mais comme sujets de droit aux prises avec les dommages multiples engendrés par la victimisation, dont ceux tenant à leur absence de reconnaissance par la société dans son ensemble, dont le droit.

Dans cette perspective essentiellement politique, la dimension psychologique sera d'abord relativement secondaire. Des offres d'aide vont cependant rapidement se développer au regard des conséquences notamment psychiques parfois majeures que ce regard sur « l'envers du crime » avait rendues visibles. Elles inventent, d'un côté des formes d'accompagnement des victimes au plus près des aléas de leur parcours judiciaire et de son iatrogénie propre, de l'autre des approches thérapeutiques individuelles et de groupe (Damiani, 2005, 2008 ; Lopez, 1998, 2010).

C'est de cette attention aux retombées psychiques possibles d'une victimisation qu'est née la victimologie clinique.

Pour se constituer en discipline nouvelle, il lui a fallu se dégager d'une notion dont elle était en partie l'héritière, le « couple pénal », ou plus exactement en subvertir les termes et la perspective dans lesquels il avait été conçu par la « première victimologie » :

- d'une part en dissociant les questions de responsabilité et culpabilité juridiques et psychiques (Villerbu, 2004b),
- d'autre part en concevant la dissymétrie d'un tel couple selon qu'on l'abordait dans une perspective psycho-criminologique (comment, selon quels processus, le victimant élabore de l'auteur et de la victime (Villerbu et all., 2008)) ou psycho-victimologique (comment, selon quels processus, le victimé élabore de l'auteur et de la victime (Pignol et all., 2008a)).

L'idée d'un couple pénal laissait en effet supposer qu'un lien unissait ses protagonistes avant que n'advienne leur rencontre, que l'auteur était déjà dans la victime et réciproquement, ou encore qu'une vulnérabilité était en quelque sorte en attente d'un abuseur. La névrose de destinée offrira à certains l'ultime explication psychopathologique à la plainte victimaire, en rendant compte de sa persistance par les bénéfices inconscients que procurerait chez certaines victimes le fait d'avoir été victimisé, quand ce ne sont pas ces mêmes motifs qui seraient à l'origine de la victimisation elle-même (Sizaret, 1974). C'était implicitement supposer une forme de complicité entre auteurs et victimes, à l'image de la supposée complémentarité semblant unir le sadique et le masochiste en un même pacte, dont G. Deleuze (1967) a remarquablement montré qu'elle était un faux-semblant : le « sadique » du « masochiste » n'a rien de commun avec le « masochiste » du « sadique ». De même, l' « auteur » de la « victime » ne saurait être assimilé à la

« victime » de l' « auteur », sinon dans une lecture anachronique, au « futur antérieur », de leur « rencontre ».

L'on trouve cependant encore des reliquats persistants de ces confusions, comme par exemple dans certaines considérations sur ce que, symétriquement à la « victime coupable » l'on pourrait dénommer les « auteurs-victimes », s'étonnant qu'un « auteur » puisse être, à l'instar d'une « victime », psychotraumatisé ; ou encore sur les « véritables » et « pseudo-victimes », les premières parce qu' « innocentes » de tout crime, les secondes doublement responsables puisque auteurs des faits et refusant de surcroit d'endosser cette responsabilité (Szepielak, 2012). Autant d'assimilations jamais discutées entre victime et traumatisé, processus psychiques propres aux victimés et aux victimants : registres socio-juridique et psychique d'analyse.

Il manquait cependant encore à cette victimologie un corpus théorique et clinique autonome à la mesure de ses observations et de ses pratiques et c'est encore bien trop souvent la notion de trauma qui, secondairement, vient rendre compte des troubles multiformes que les sujets victimés peuvent présenter, et conduit à artificiellement dichotomiser l'expérience victimale en un « être traumatisé » d'un côté et un « être victime » de l'autre. Seul le premier, mettant en jeu la « réalité subjective », concernerait la psychologie ; quant au second, renvoyant quant à lui à une « réalité objective », il ne serait l'affaire que de la justice et des dispositifs sociaux de réparation (C. Damiani, 2005, 2008).

Force est pourtant de constater que la clinique au quotidien, aussi bien celle de l'accompagnement judiciaire que celle se voulant strictement psychothérapique, montre qu'elles sont les deux faces d'une seule et même « réalité » psychique mais, nous le verrons, tantôt abordée sous l'angle des normes et valeurs collectives, tantôt sous l'angle des normes et valeurs personnelles. Et il ne peut en être autrement tant les unes et les autres renvoient aux mêmes processus normatifs et axiologiques.

4. Etre victime : épreuve de réalité et travail psychique

L'une des conditions liminaires de développement d'une psycho-victimologie réside dans la possibilité de penser le fait socio-juridique d'être victime en termes d'enjeux psychiques singuliers, sur d'autres références que le trauma qui, peu ou prou, engage toujours une théorie de l'appareil psychique et occulte le versant politique de la victimité en renvoyant le sujet victime à son histoire infantile (Pignol et Villerbu, 2008b). Elle tient ainsi son existence à la formulation d'hypothèses quant à ce que suppose au plan psychique de s'appréhender comme victime, qu'un processus judiciaire ait été initié ou non, ou encore que les « faits » relèvent du pénal ou non. Son objet est ainsi le ***victimé***, néologisme désignant cet être aux prises avec un événement inélaborable et inassumable le laissant dans un vécu persistant et insurmontable de dommage.

Pour cela l'exigence est double : pouvoir tenir à la fois le fait que l'expérience victimale (ou traumatique) ne relève pas d'une conflictualité interne car elle tient son origine dans le monde et son vacillement, et le fait que c'est bien un sujet qui se trouve mis en demeure de faire face à l'étranger qu'il est devenu à lui-même.

Une notion s'avère alors précieuse, celle d' « épreuve de réalité », telle que Freud l'a développée en 1915 à propos du deuil, dans la mesure où elle affirme que certains événements ne s'originent pas dans un conflit psychique inconscient mais dans l'expérience s'opposant à point tel au principe de plaisir qu'ils exigent un travail interne complexe et parfois très long d'intégration de celui-ci, à l'issue incertaine.

L'échec de ce travail est responsable du développement de modalités pathologiques de faire face à cette épreuve de réalité, pathologiques car tenant à l'impossibilité de tenir et soutenir les contraintes qu'il impose au sujet ; pour ce qui concerne le deuil, il s'agit d'un travail de la perte impliquant la reconnaissance de la disparition irréversible d'un objet d'amour, du retrait progressif de la libido attachée à cet objet et de son réinvestissement sur un (ou plusieurs) autre(s) objet(s). Or, ce travail peut plus ou moins gravement et durablement échouer et être à l'origine de formes manquées de deuil, tels que certains états mélancoliques ou encore les diverses formes de « deuil pathologique ». Pour Freud, la mélancolie, non pas comme structure pathologique mais comme état mélancolique, éclaire ce processus de deuil en en révélant à la fois l'une de ses exigences structurelles et l'une de ses modalités d'échec possible (Pignol, 2011).

Partant, il paraît heuristique de penser l'être victime comme une épreuve de réalité engageant le sujet dans un travail psychique identique dans ses principes au travail de deuil, mais s'en différenciant radicalement du fait que son enjeu n'est pas une perte d'objet mais un vécu persistant de dommage. Il s'agit du ***travail psychique de victime (ou TPV),*** au sens où toute victimisation, qu'elle ait engendré ou non des répercussions psychiques plus ou moins graves, met à l'épreuve les sujets victimés non seulement dans leurs capacités à faire avec les normes et valeurs juridiques communes, et plus généralement sociales, mais encore sollicite activement leurs normes et valeurs personnelles.

L'analyse des propos de sujets victimés reçus dans le cadre d'une consultation spécialisée (Pignol, 2011), de même que ceux de multiples témoignages oraux et écrits, laisse apparaître ***quatre questions essentielles*** constitutives de toute expérience victimale, qu'elle soit judiciarisée ou non.

L'instance de ces questions à se poser tient à ce que chacune est sous-tendue par un enjeu spécifique qui ensemble contribuent à littéralement constituer l'événement ou le contexte critique. Les unes tentent de rendre compte de la présence de chacun des protagonistes à l'événement en termes de mobiles, motifs…, et notamment le « pourquoi moi ? » si souvent source d'angoisses chez nombre de sujets victimés ; les autres visant à constituer l'événement. L'on peut en circonscrire et dégager les logiques autour de quatre enjeux : Imputer, Qualifier, Réparer, Condamner, chacun obéissant à une logique de recherche de réponses relatives à une question centrale, à savoir :

IMPUTER : Qui a voulu et fait quoi ?

QUALIFIER : Quoi est quoi ?
REPARER : Quoi compense quoi ?
CONDAMNER : Quoi coûte quoi ?

Les réponses aux deux premières ressortissent de la problématique de la **resp**onsabilité, les deux secondes de celle de la culpabilité. Elles se jouent en outre simultanément ou alternativement sur deux grandes surfaces : les normes et valeurs sociales et juridiques (d'où la réactivité parfois extrême des sujets victimés aux mouvements procéduraux), les normes et valeurs personnelles (d'où les véritables crises existentielles pouvant faire suite à la traversée d'un événement extrême).

	Rendre compte de la présence des protagonistes à l'événement	**Rendre compte de l'événement**
Responsabilité ou Mise en normes : Qu'est-ce que c'est ?	Enjeu : l'Imputation Qui a voulu et fait quoi ?	Enjeu : la qualification Quoi est quoi ?
Culpabilité ou Mise en valeurs : qu'est-ce que ça veut (me) dire ?	Enjeu : indemnisation De quoi est-ce le prix à payer ?	Enjeu : condamnation Que faut-il sacrifier à mes valeurs et idéaux ?

5. Le travail psychique de victime

L'on notera que la culpabilité et la responsabilité se trouvent ici clairement différenciées (alors qu'elles sont presque toujours indistinctement appréhendées sous le seul terme de culpabilité), la première renvoyant à la transgression d'un interdit, la seconde à la dette, c'est-à-dire à un ensemble d'auto obligations que nous nous donnons à l'égard d'autrui. La culpabilité est ainsi liée à des questions de morale et d'éthique, alors que la responsabilité l'est à celles de devoir et de déontologie.

En outre, ces questions prennent la forme de véritables ***dilemmes***, au sens où elles se soutiennent toujours (sauf pathologie) de deux tensions contradictoires, ou encore d'une double impossibilité en forme de ni-ni. Cela tient à ce que, chez l'homme, aucun questionnement d'ordre éthique et déontologique ne peut s'épuiser dans des réponses qui cloraient une fois pour toutes les débats. Car s'étant par la négativité (Gagnepain, 1994-2010) ou pour Lacan par le langage, irrémédiablement détaché du monde, il se trouve condamné à le revisiter et le réinventer sans cesse.

Chaque dilemme prend donc la forme d'une double négation, et l'enjeu du travail psychique de victime en est leur dépassement :

Temps 1 : il n'est pas possible que…

Temps 2 : il n'est pas possible qu'il ne soit pas possible que…

Ces deux premiers temps ne sont pas ordonnés chronologiquement, mais par la contradiction qui les unit, et le sujet peut passer indifféremment de l'un à l'autre.

Temps 3 : il consiste en une réélaboration de la question initiale ouvrant au dépassement de cette double impossibilité. Il en restera cependant toujours un reliquat qui tient à ce que ce processus, structurellement, suppose un double renoncement, l'un n'annulant jamais totalement l'autre.

Ces temps peuvent aussi avoir pour objet de questionnement l'agresseur, le victimé lui-même, ou encore les réponses formulées par la justice ou toute autre instance tierce, leur responsabilité et culpabilité respectifs tant dans la survenue des faits que dans les positionnements des uns et des autres à leur égard.

	Rendre compte de sa présence (travail de mise en sens)	**Rendre compte de l'événement (travail de mise en forme)**
Axe de la responsabilité (mise en normes)	IMPUTATION Dilemme fondamental : il est tout aussi problématique d'y avoir été pour quelque chose que de n'y avoir été pour rien (et symétriquement ; il est aussi impossible qu'il y soit pour quelque chose que pour rien) Son dépassement : ***A CHACUN SA PART,*** c'est-à-dire assumer de pouvoir être un objet de concupiscence ou de haine pour un autre	QUALIFICATION Dilemme fondamental : il est tout aussi problématique de qualifier l'événement que de ne pas le qualifier (que ce soit quelque chose et que ce ne soit rien) Son dépassement : ***A CHACUN SES VUES*** c'est-à-dire pouvoir assumer l'impropriété de nos catégories à pouvoir tout appréhender
Axe de la culpabilité (mise en valeurs)	INDEMNISATION Dilemme fondamental : il est aussi problématique d'y perdre que d'y gagner Son dépassement : ***A CHACUN SON DU,*** c'est-à-dire assumer ses engagements existentiels, l'économie impliquée par le pari qu'ils représentent	CONDAMNATION Dilemme fondamental : Il est aussi problématique de faire payer que de ne pas faire payer, de condamner que de pardonner Son dépassement : ***A CHACUN SA PEINE*** c'est-à-dire remettre en jeu ses valeurs, son pari sur celles-ci

Les 4 dilemmes constitutifs du Travail psychique de victime

6. Une clinique raisonnée des positions victimales

Une description raisonnée et organisée en une typologie des ***postions victimales*** devient possible, chacune de ces positions problématique se définissant et prenant sens de l'enjeu auquel le sujet reste fixé sans possibilité de dégagement ; car résistant à ses essais de mise en normes et valeurs, l'événement ne cesse de faire soit ***énigme***, soit ***intrigue*** (Villerbu, 1993), c'est-à-dire : énigme au sens où il se dérobe à la question « qu'est-ce que ça peut être ? », intrigue au sen où il se dérobe à la question « qu'est-ce que ça veut(me) dire ? ».

Le dilemme en cause donne alors lieu à des élaborations défaillantes car le sujet reste fixé à l'un de ses axes constitutif : au plan par exemple de l'imputation, il ne peut qu'y être pour quelque chose tout en ne pouvant pas ne pas y être pour rien, et s'impute alors sur un mode auto destructeur la totalité des motifs de survenue de l'événement, faute de pouvoir concevoir le rôle qu'autrui a pu jouer ; soit il n'y est pour rien sans pouvoir y être pour quelque chose, et alors il impute à l'autre l'événement sur un mode hétéro destructeur, faute de pouvoir assumer le rôle qu'il y a, même à son corps défendant, joué.

L'événement comme ENIGME (axe de la mise en normes)	Syndrome victimal d'auto-reproche de motivation complice ↑ └→ Syndrome victimal d'auto-accusation de comportement complice	Syndrome victimal du défilement perpétuel ↑ └→ Syndrome victimal de pétrification-vitrification
L'événement comme INTRIGUE (axe de la mise en valeurs)	Syndrome victimal de préscience de répétition d'échec ↑ └→ Syndrome victimal d'auto-préconisation préventive ou du risque zéro	Syndrome victimal des idéaux déçus ↑ └→ Syndrome victimal d'auto-sacrifice

7. Typologie des positions victimales

Chacune de ces positions victimales peut être appréhendée comme une modalité défaillante de « faire de l'auteur et de la victime » (Pignol, 2011) en termes de culpabilité et de responsabilité différenciées. En cela cette clinique peut se lire comme une clinique de la ***confusion***, pour reprendre, en en élargissant la signification, une notion développée par S. Ferenczi pour rendre compte des violences à enfants : « confusion de langue » et « identification à l'agresseur », à appréhender comme autant de confusions des responsabilités et des culpabilités chez le sujet victimé (à la fois « innocent et coupable ») entre celui-ci et « son » agresseur.

Elles restent à décrire et à cliniquement illustrer dans leur cohérence propre (Pignol, 2012).

8. Pour un accompagnement spécifique : la guidance psycho-victimologique

L'on conçoit dès lors que, les problématiques victimales n'étant ni superposables ni réductibles à celles ressortissant d'une conflictualité psychique inconsciente, d'autres modalités de présence au sujet que celles préconisées en psychothérapie soient nécessaires à leur approche psychologique : non seulement d'autres modèles de compréhension des troubles, mais aussi un cadre, des consignes, des modes d'intervention, une attention et une sensibilité à d'autres phénomènes transférentiels/contre-transférentiels que ceux auxquels nous ont familiarisé le sujet névrosé (Pignol et Villerbu, 2009).

Nous nous en tiendrons à la description succincte de certaines d'entre elles.

Le cadre général

Au plan du cadre général à mettre en œuvre, quelques grands principes et préconisations font globalement consensus (G. Lopez, 2010 ; Horassius, 2004) même si leur mise en œuvre se heurte encore à un manque d'intérêt de la communauté et par conséquent de moyens : gratuité des soins, consultations médico-psychologiques spécialisées strictement réservées aux victimes, notamment.

Contextualiser

La ***contextualisation*** des souffrances en est la condition première. Elle consiste en dans l'importance centrale à accorder aux événements et aux contextes de vie et à leur impact destructeur, en lieu et place d'un hypothétique processus d'après-coup renvoyant leur compréhension au sujet et aux aléas de son histoire infantile.

Cela nécessite dans l'entretien un travail actif de recherche des liens possibles entre des états psychiques problématiques et des événement et/ou contextes de vie particuliers, notamment relationnels. Ceci peut nécessiter une investigation patiente car ces événements et contextes ne sont pas nécessairement décrits d'emblée comme problématiques par le sujet victimé, tant ses normes et valeurs peuvent être anomiques et ne plus lui permettre de faire le lien entre ses souffrances et ce qu'il traverse ou a traversé. Concernant par exemple les problématiques victimales liées à des violences ou harcèlement subis dans le cadre professionnel, un tel travail de contextualisation consiste en l'essai de mise en parallèle rigoureuse et systématique de « l'état de santé » (physique, psychique, social…) du sujet et de l'histoire professionnelle (changements, réorganisations, événements institutionnels…).

Ce travail emprunte certains de ses principes au « débriefing », méthode conçue et préconisée comme modalité privilégiée d'aide psychologique à destination des survivants d'événements ponctuels exceptionnels comme les catastrophes et consistant en un ou plusieurs entretiens semi directifs centrés sur l'événement et ses retentissements (Lebigot, 1998).

Il s'apparente également aux pratiques de témoignage, comme celles développées par certains praticiens à destination de survivants de génocides (Waintrater, 2003, 2009). Ces pratiques présentent la particularité de solliciter des formes de récit moins centrées sur l'expérience subjective du sujet que sur la recherche de ce qui permette d'en former une représentation et de lui donner un certain sens collectivement partageables.

Les paramètres de la situation victimale

Parce qu'elles recèlent chacune leur iatrogénie propre, deux dimensions contextuelles requièrent une même exploration appofondie : d'une part l'événement et son impact immédiat et différé, d'autre part les réactions de l'entourage proche, de la société avec ses institutions et ses représentants, et leurs effets sur le sujets (Barrois, 1998).

En outre, quand il y a eu agresseur, une attention toute particulière devra être portée :

- d'une part à son « mode opératoire » en ce qu'il a consisté notamment à neutraliser (voire à retourner contre elle-même) les possibilités de défense du victimé. Au plan de la méthode d'entretien, ce travail sur le « mode opératoire » du victimant consiste par exemple un renversement figure/fond de ce qui généralement constitue le positionnement spontané du victimé : à ses questions sur le pourquoi de son incapacité à avoir su se défendre doivent lui être renvoyées des questions sur ce qui, des comportements de l'agresseur, l'en ont empêché...
- d'autre part à ses stratégies (conscientes et non conscientes) de « décriminalisation » (de déresponsabilisation ou de déculpabilisation), à savoir comment lui-même fait avec le fait d'être mis en cause, comment il conçoit l'événement dans sa nature et son déroulement, la place et que chacun y a prise, la responsabilité de ses protagonistes... ; ou encore comment il peut être amené à faire porter la responsabilité ou la culpabilité de l'événement à tout autre que lui-même, dont en premier lieu le victimé. Le victimant est ainsi traversé par les mêmes interrogations que le victimé et les réponses qu'il va devoir apporter à sa mise en cause puis son éventuelle inculpation vont entrer en résonnance avec les questionnements de ce dernier dans le sens d'une restauration ou au contraire d'une atteinte déstructurante à ses tentatives d'élaboration de l'événement.

Et l'on peut retrouver les mêmes processus chez l'entourage, que celui-ci ait été acteur direct ou indirect dans l'événement ; ce peuvent être par exemple les phénomènes de désaveu, avec leurs effets traumatiques ou sur traumatiques propres, mis en exergue par Ferenczi.

Transfert et contre-transfert en psycho-victimologie

Il est des situations cliniques où la neutralité contrevient à l'éthique dont pourtant elle se revendique et il en est ainsi de la rencontre avec les sujets victimés.

Si, classiquement, la présence psy est d'abord absence, le problème est, qu'aussi bien en psychotraumatologie qu'en victimologie, les modalités classiques de cette « présence/absence » apparaissent à l'expérience presque, pour ne pas dire toujours, grandement contre-indiquées. Ainsi, la très grande majorité des « spécialistes » contemporains de l'aide psychologique aux victimes s'accorde-t-elle pour affirmer qu'à l'encontre de l'attitude de neutralité à adopter dans la plupart des situations cliniques, la distance émotionnelle, la non intervention, le silence, etc., représentent autant de modes d'être à proscrire, au profit d'une position marquée au contraire par une présence et une implication actives, sans lesquelles le victimé risque de se trouver renvoyé massivement et de façon insupportable à sa détresse initiale.

Le long prologue de la *Confusion de langue*, que Ferenczi consacre aux problèmes transféro/contre-transférentiels avec certains de ces patients, nous invite à aller plus loin dans la réflexion et à devoir nous demander jusqu'à quel point les règles classiquement de mise dans la plupart des psychothérapies ne font pas courir le risque que ne se reproduise la confusion initiale : si l'ensemble des dispositions cliniques traditionnelles (cadre, consignes, techniques…) ne peuvent pas donner lieu au développement de ce qu'il faudrait alors appréhender comme **une nouvelle confusion de langue, entre victimés et thérapeutes cette fois**.

Car ce que Ferenczi a mis au cœur de cette rencontre, ce n'est pas l'exigence éthique due au patient névrosé de ne pas prendre parti dans son débat moral, sinon pour l'aider à en rechercher les origines dans son histoire, mais la relation de pouvoir. L'aventure thérapeutique avec les patients abusés est celle d'une rencontre « au risque » de l'emprise.

Parmi les phénomènes transférentiels/contre-transférentiels propres à la rencontre psycho-victimologique (Pignol, 2011), il en est particulièrement un qui mérité d'être ici mentionné en raison de son importance. Il s'agit du positionnement du praticien à l'égard du caractère réel ou fantasmatique des victimisations que lui rapporte le sujet.

Il n'y a classiquement pour le « psy » de vérité que subjective, et c'est au titre de celle-ci, et de son respect absolu, que se justifie une autre forme d'abstention fondatrice de sa présence singulière. L'expression de « vérité subjective », qui joue d'ailleurs du caractère antonymique des deux termes qui la composent, *dit à la fois une forme de conviction sinon de certitude (une vérité) et sa relativité (généralement référée à une histoire singulière), ce qui est « vrai » pour l'un ne l'étant pas nécessairement pour l'autre*. La vérité subjective ne souffre donc pas discussion, elle ne s'argumente pas, mais fait l'objet d'une herméneutique (L. Binswanger, 1970), c'est-à-dire des hypothèses et interprétations qu'en rend possible le dispositif clinique et la théorie du sujet qui lui donne sens.

Cette conception est pourtant également grandement mise à mal par la rencontre victimale. C'est encore Ferenczi qui, le premier, a attiré l'attention sur l'importance des réactions du professionnel au contenu du récit du patient lui relatant les abus qu'il a pu subir. Ainsi se demandait-il si un patient pouvait ne serait-ce que commencer de faire confiance en ses propres ressentis et en ses souvenirs, si son thérapeute, par son attitude générale et ses interventions, ne semblait pas y croire pleinement, de façon explicite, et surtout, peut-on penser, authentique. Et l'on aurait tord de croire que le renvoi en miroir de la question de la crédibilité (du style : vous avez des doutes ?) puisse offrir une solution au problème car plus ou moins rapidement elle insuffle un surcroît de doute : « s'il me pose la question c'est qu'il se la pose et qu'un doute existe chez lui en miroir du mien ; je ne peux donc pas me faire confiance ». Ces patients savent très finement percevoir la différence parfois subtile entre une exploration compréhensive de ce qu'ils ont subi et des questions visant une recherche d'éléments de réalité pouvant faire pour le praticien preuve, en tout cas attestation objective : différence entre une investigation cherchant à aider le victimé à sortir de la confusion dans laquelle il se trouve et une approche que l'on pourrait qualifier de détective.

A moins qu'il ne développe une orientation théorique et clinique excluant *a priori* toute prise en compte de l'éventuelle réalité d'abus ou autres événements psychotraumatiques, et appréhendant exclusivement ceux-ci comme des éléments parmi les autres du processus associatif, -une position qui rendrait la question non recevable, hors champ de sa doxa-, nul praticien confronté à un sujet victimé ne peut pas ne pas être interpellé par cette question et ne pas s'interroger, ne serait-ce qu'un instant, sur la dite réalité ou non des événements relatés : c'est là le second aspect marquant de la rencontre avec le sujet victimé. La question n'est plus ici d'ordre théorique quant à la définition du trauma et de ses étiologies possibles, mais celle, praxique, du positionnement du praticien à l'égard d'allégations de victimisations.

Il en va ainsi d'une véritable guidance psycho-victimologique :

- **guidance** parce que le travail y est orienté, guidé, sur les bases du travail psychique de victime tel que nous en avons décrit les axes constitutifs fondamentaux, à savoir une expérience d'effondrement du monde et/ou du sens, au sens des évidences, et ses essais problématiques de reconstitution ;
- **psycho-**, parce que ce sont des positions psychiques qui sont mises au travail en ce qu'elles s'avèrent incapables de soutenir le travail interne exigé par l'épreuve de réalité qu'a constitué l'événement et c'est bien un travail psychique qu'il s'agit de soutenir ;
- **victimologique,** parce qu'il fait de la victimité un mode de d'interpellation et d'élaboration privilégié des questions de normes et de valeurs qu'il s'agit de reconstruire ou de resolliciter.

Car l'enjeu premier en est d'aider le sujet victimé à parvenir mettre en normes et en valeurs l'événement ou le contexte à l'origine de ses troubles, en s'aidant pour cela des deux grandes références possibles que constituent les normes et valeurs collectives (en particulier socio-juridiques) et ses normes et valeurs personnelles ; à différencier de l'auteur et de la victime en termes de responsabilité et de culpabilité, non pour faire de lui une victime et du mis en cause un auteur, mais à l'aider à dénouer ce qui relève de leur responsabilité et de leur culpabilité respectives. Ce faisant, il ne s'agirait pas d'instruire un procès parallèle et de se substituer à la justice, mais d'aider le sujet dans la reconstruction de processus internes lui permettant d'élaborer à nouveau de la norme et de la valeur, à partir desquels l'événement ou le contexte, retrouvant forme et sens, cessent de faire énigme informulable ou intrigue insoluble.

Bibliographie

Baril M. (2002) : *L'envers du crime*, Paris, L'Harmattan.

Barrois C. (1998) : Le traumatisme second, *Ann. Méd.-Psychol.*, 156, n° 7, p. 487-492.

Binswanger L. (1970) : Apprendre par expérience, comprendre, interpréter en psychanalyse, In *Discours, Parcours et Freud*, Paris, NRF Gallimard.

Cario R. (2006): Victimologie. De l'effraction du lien intersubjectif à la restauration du lien social, vol. 1, 3° éd., Paris, L'Harmattan.

Cario R., Mbanzoulou P. (2008) : La justice restaurative, in J.-L. Senon, G. Lopez, R. Cario *Psychocriminologie*, Paris, Dunod.

Charcot J.M (1890) : Œuvres complètes. Leçons sur les maladies du système nerveux, Dix-huitième leçon, tome III.

Ciccone A. & Ferrant A. (2009) *Honte, culpabilité et traumatisme*, Paris, Dunod.

Conseil D'Etat (2005) : *Rapport public « Responsabilité et socialisation du risque »*, Etudes et documents N° 56, Paris, La Documentation Française.

Crocq L. (2003) : Clinique de la réaction immédiate, *Le Journal des psychologues*, juin, N° 208, p. 48-53.

Crocq L. (2004) : Le syndrome de répétition. Formes cliniques et signification, *in* L. Crocq et P. Bessoles (sous la direction de), *Victime-Agresseur, tome 4, Récidive, réitération, répétition, Lien d'emprise et loi des séries*, Nîmes, Editions Champ Social.

Damiani C. (2005) : Le travail psychanalytique et la réparation. La relation victime/agresseur, *Colloque Victimes et agresseurs*, Rennes, 14-15 Mai 2005.

Damiani C. (2008) : L'accompagnement psychologique durant le parcours judiciaire, *PsychoMédia*, N° 16, p. 71-77.

Deleuze G. (1967) : *Présentation de Sacher-Masoch*, Paris, Editions de Minuit.

De Soir E., E. Vermeiren, E. (2002) : *Les debriefings psychologiques en question*, Anvers, Garant éd.

Douville O. (2008) : De l'adolescence errante. Variations sur les non-lieux de nos modernités, Nantes, Edition Pleins-Feux.

E. Dupré (1905) : *La Mythomanie, étude psychologique et médico-légale du mensonge et de la fabulation morbides*, Clinique des maladies mentales. Institut de médecine légale et de psychiatrie, Paris.

Dupuy J.-P. (2005) : *Petite métaphysique des tsunamis*, Paris, Seuil.

Ewald F. (1986) : *L'état providence*, Paris, Grasset.

Fassin D., Bourdelais P. (2005) : *Les constructions de l'intolérable*, Paris, Editions La Découverte.

Fassin D., Rechtman R. (2007) : *L'empire du traumatisme*, Paris, Flammarion.

Ferenczi S. (1932) : *Confusion de langue entre les adultes et l'enfant*, Paris, Petite bibliothèque Payot, 2004.

Freud S. (1915) : Deuil et mélancolie, In S. Freud, *Métapsychologie*, Paris, Gallimard, 1963.

Freud S. (1919) : Introduction à la psychanalyse des névroses de guerre, In S. Freud (1998), *Résultats, idées, problèmes, tome 1*, Paris, PUF, p. 243-247.

Gagnepain J. (1994-2010) : *Huit leçons d'introduction à la théorie de la médiation*, édition numérique, Institut Jean Gagnepain, Matecoulon-Montpeyroux, http://www.institut-jean-gagnepain.fr.

Garnier P. (1903) : Les hystériques accusatrices, *Annales d'Hygiène publique et de médecine légale*, série 3, tome 1, p. 337-361 ; suite et fin, p. 423-437.

Green A. (1999) : Genèse et situation des états limites, In J. André et *al*, *Les états limites*, PUF, Paris.

Horassius N. (sous la direction de) (2004) : Conséquences des maltraitances sexuelles. Reconnaître, soigner, prévenir, John Libbey Eurotext.

Ionescu S. (sous la direction de) (2111) : *Traité de résilience assistée*, Paris, PUF.

Janet P. (1889): La vie mentale, http://www.megapsy.com.

Janet P. (1928) : Les médications psychologiques. Etudes historiques, psychologiques et cliniques sur les méthodes de la psychothérapie, 2ième éd., Paris, Felix Alcan.

Janin C. (1996) : Figures et destins du traumatisme, Paris, PUF.

Lacan J. (1973) : Les quatre concepts fondamentaux de la psychanalyse, Paris, Seuil.

Lacan J. (2005) : *Le sinthome*, Paris, Seuil.

Laplanche J., Pontalis J.-B. (1985) : Fantasme originaire. Fantasme des origines. Origines du fantasme, Paris, Hachette.

Laplanche J. (2006) : *Problématiques VI. L'après-coup*, Paris, Quadrige PUF.

Lebigot F. (1998) : Le débriefing individuel du traumatisé psychique, *Ann Méd.-Psychol* 156 N°6, p. 417-421.

Lebigot F. (2002) : L'effroi du traumatisme psychique. *Revue francophone du Stress et du trauma*, 2 (3), p. 139-146.

Lopez G., Sabouraud-Seguin A. (sous la direction de) (1998) : *Psychothérapie des victimes*, Paris, Dunod.

Lopez G. (2010) : *La Victimologie*, Paris, Dalloz.

Malabou C. (2009) : Ontologie de l'accident, Essai sur la plasticité destructrice, Clamecy, Edition Léo Scheer.

Oppenheim H. (1888) : *Die Traumatischen Neurosen*, Berlin,.

Pignol P., Villerbu L-M, (2008a) Nouvelles réflexions sur le couple pénal en victimologie. Vers une quatrième victimologie, *in Psycho-criminologie,* Senon J.-L., Lopez G., Cario R. *et al*, Paris : Masson. pp.261-266.

Pignol P., Villerbu L.-M (2008b) : La victimité, émergence d'un processus et d'un dispositif, *Rhizome*, N° 35, juillet 2009, p.12-13.

Pignol P., Villerbu L-M. (2009), L'entretien clinique en victimologie, in Douville O. & Jacobi B. (sous la direction de), *10 entretiens cliniques en psychologie clinique de l'adulte,* Paris, Dunod. p.107-128 .

Pignol, P. (2011). *Le travail psychique de victime. Essai de psycho-victimologie.* Unpublished master's thesis. Université de Rennes 2, Rennes, France.

Pignol P. (2012) : Culpabilité et responsabilité dans la clinique des victimes de violences sexuelles, à paraitre.

Roussillon R. (1991) : Paradoxes et situations limites de la psychanalyse, Paris, PUF.

Scotto Di Vettimo, D. (2006) *Vivre et survivre dans la honte*, Grenoble, Presses Universitaires de Grenoble.

Sivadon M.-P. (1953) : La notion d'allergie émotionnelle, *Ann. Médico. Psy.*, 111, p. 239-243.

Sizaret C. (1974) : *Névrose de destinée et victimologie.* Thèse pour le Doctorat en médecine, Faculté de Médecine de Tours.

Szepielak D. (2012) : Victime, qu'est-ce donc ? *Journal des psychologues,* N° 297, mai, p. 6-7.

Tardieu A. (1859) : *Les attentats aux mœurs*, 3ième éd. Grenoble Jérôme Million.

Vigarello G. (1998) : *Histoire du viol*, Paris, Editions du Seuil.

Villerbu L.-M. (1993) : *Psychopathologie Projective*, Université de Rennes 2, ARCP Editions.

Villerbu L.-M. (2004a) : Après et avant, quand la victime parle. Une clinique psychologique dans les embarras de la victimologie et l'apport de la psycho-criminologie. *Journée d'étude, mai 2004, La Roche sur Yon, Institut Catholique d'Etudes Supérieures*.

Villerbu L.-M. (2004b) : D'une formule embarrassante à une autre : l'interchangeabilité des positions d'agresseur et de victime. A propos de « la victime est-elle coupable ? » In R. Cario, *La victimes est-elle coupable ? Autour de l'œuvre d'Ezzat Abdel Fattah*, Paris, L'Harmattan, p. 43-59.

Villerbu L. M., Moulin V. (2008) : Interaction victime/infracteur : un choix ? In J.-L. Senon, G. Lopez R. Cario, *Psychocriminologie*, Paris, Dunod, p. 267-73.

Villerbu L.-M., Pignol P. (2012) : Trauma, désistance et résilience : quels espaces de théorisation ?, in R. Coutanceau, J. Smith, S. Lemitre et all. *Trauma et résilience : victimes et auteurs*, Paris, Dunod, p. 37-47.

Waintrater R. (2003) : *Sortir du génocide*, Paris, Edition Payot et Rivages.

Waintrater R. (2009) : L'entretien de témoignage : un récit sous contrainte, In O. Douville et B. Jacobi, *10 entretiens en psychologie clinique de l'adulte*, Paris, Dunod, p. 35-56.

Walter F. (2008) : Catastrophes. Une histoire culturelle XVIe-XIXe, Paris, Editions du Seuil.

Winnicott D. W (2000) : La crainte de l'effondrement et autres situations cliniques, Paris, PUF.

Yalom I. (2008) : *Thérapie existentielle*, Paris, Galaade Editions.

5

L'expérience des rencontres détenus-victimes à la maison centrale de Poissy : un nouvel espace d'évolution ?

Par Paul MBANZOULOU

L'expérience inédite en France des rencontres détenus-victimes (R.D.V.) à la maison centrale de Poissy [1], réalisée entre mars et juillet 2010, a concerné trois victimes et trois détenus condamnés à de longues peines. Ne se connaissant nullement, les protagonistes ont été réunis en tenant compte de la similitude des actes commis par les uns et ceux subis par les autres. Cette expérience s'inscrit clairement dans la lignée des rencontres « *face to face* de groupes » expérimentées en Angleterre en 1983, puis introduites au Canada en 1987 et

---

1. Ont participé à cette expérimentation : Sabrina Bellucci (Directrice de l' INAVEM), Robert Cario (représentant de la société civile), Michèle De Kerckhove (représentante de la société civile), Clément Di Marino (directeur adjoint de la Maison centrale de Poissy), François Goetz (directeur adjoint de l'ÉNAP), Patricia Lebuffe (animatrice), Paul Mbanzoulou (animateur principal), Claire Mérigonde (DSPIP des Yvelines), Amélie Moal (chargée de mission INAVEM), Emmanuel Pottier (chef de détention de la Maison centrale de Poissy), Stéphanie Prévier (CPIP), Sophie Rueland (CPIP).

mises en œuvre aujourd'hui au Québec par le Centre de Services de Justice Réparatrice [2].

Pour réussir de telles rencontres, la préparation est la condition essentielle. Elle concerne aussi bien les acteurs que les structures. Elle doit permettre de proposer aux participants un cadre sécurisé, construit autour d'une structure humaine et institutionnelle selon une méthodologie pertinente (I). Il s'agit de créer un espace de parole et d'écoute où des personnes victimes et des personnes condamnées détenues peuvent se rencontrer et s'exprimer librement. Une session de RDV s'étale sur cinq à six semaines, avec des rencontres hebdomadaires de deux ou trois heures, ponctuées d'une pause conviviale. Aidés et soutenus par les animateurs et les représentants de la société civile, les participants amorcent un cheminement vers un horizon d'apaisement (II).

1. La nécessité d'un espace préparé et sécurisé

Le cahier des charges élaboré par les quatre partenaires de ce projet définit les objectifs du programme, les conditions de participation, d'encadrement et de déroulement des échanges de manière à offrir aux participants un cadre optimal. L'objectif de la rencontre est de permettre à tous les participants de prendre conscience de leurs blessures, de bénéficier d'un cadre pour les exprimer et de trouver ensemble la voie de l'apaisement et de la responsabilisation.

Plusieurs réunions de travail ont été nécessaires pour que les signataires de la convention déterminent ensemble le cadre de ces échanges. Le cahier des charges arrêté s'organise autour des trois phases du dispositif que sont : la phase de recherche et de préparation des participants, la phase d'exécution prévoyant le

---

2. V. C. Rossi, Les rencontres détenus-victimes dans le cadre de crimes graves au Québec : une offre unique de reconnaissance sociale des conséquences des crimes les plus graves, In, R. Cario (dir.), *Les rencontres détenus-victimes. L'humanité retrouvée*, L'Harmattan, Controverses, 2012, pp. 39-68.

cadre, le déroulement et l'issue des rencontres et enfin, la phase de clôture prévoyant la dernière séance et l'évaluation du programme par les partenaires. Chaque phase a été construite autour des principes fondamentaux de ces rencontres que sont le volontariat des participants et la confidentialité des échanges.

1.1. Le choix des participants

Les victimes comme les détenus qui acceptent ou demandent de participer à une session RDV, n'ont pas une idée précise de ce dispositif. Le premier travail des animateurs est d'en définir les contours, ses effets et ses contraintes, ses possibles et ses impossibles. En rencontrant individuellement les participants (victimes et détenus) dans la phase préparatoire, autant de fois qu'il sera nécessaire, les animateurs s'assurent de leur volonté et leur capacité à s'insérer librement dans un tel dispositif. Ils vérifient leurs motivations (en aucun cas de nature vindicative) ainsi que leurs aptitudes à s'investir dans ce processus humainement difficile, où la rencontre de l'autre, détenu ou victime, impose l'acceptation de la différence dans ce qu'elle a de plus saillant et de plus déstabilisant.

Il s'avère tout aussi important d'identifier avec chaque personne des motivations individuelles, exprimées en termes d'attentes, car les rencontres détenus victimes mettent l'accent sur l'évolution personnelle ainsi que sur le développement et l'amélioration des communications et des relations personnelles.

Comme dans une procédure de médiation, le processus de choix vise également à évaluer les ressources possibles des personnes pour s'appuyer sur celles-ci dans une visée de changement [3]. D'autant plus que le dispositif nécessite que chaque acteur (victimes, détenus, animateurs et représentants de la société civile) apporte sa contribution. Pour ce faire, la

---

3. V. B. Gaillard et J. Durif-Varembont (dir.), *La médiation. Théorie et pratiques*, L'Harmattan, Sciences criminelles, 2007, p. 53.

préparation des parties est une condition *sine qua non*. Il s'agit de réduire autant que possible le poids de l'imprévu, les préparer à faire face à toutes éventualités : mensonge d'un détenu, colère d'une victime, retrait d'un participant, absence de sympathie, notamment. Ce qui implique de rester attentifs à la façon dont les détenus parlent des victimes (intéressés ou non à comprendre la situation des victimes), au fait qu'ils ont déjà fait un travail sur eux-mêmes leur permettant de reconnaître les actes commis, d'accepter d'en parler et même d'accepter leur sanction.

Ces rencontres individuelles se concluent par une rencontre des personnes retenues, par groupe séparé (de détenus et de victimes), en présence des animateurs, afin de faire connaissance entre eux et avec les représentants de la communauté. Comme les rencontres ont lieu en milieu carcéral, dans le respect des règles de sécurité, il est important de proposer en amont, aux victimes, une visite de l'établissement pénitentiaire où elles se dérouleront. La préparation de la salle (disposition en cercle notamment) doit assurer à chacun confidentialité, sécurité et convivialité.

1.2. La structure d'animation [4]

Il faudrait d'emblée souligner que les rencontres détenus-victimes constituent plus une expérience émotionnelle et affective forte qu'une démarche technique et intellectuelle. L'absence de conflit direct entre les participants focalise l'attention sur la personne et sur la relation interpersonnelle. Dans ces conditions, les éléments techniques convoqués s'amalgament avec l'être propre de l'animateur. La congruence à la situation (regard positif inconditionnel, empathie, compréhension), si elle peut se techniciser, et cela est nécessaire, puise davantage dans l'humanisme de l'animateur et

4. V. P. Mbanzoulou, L'animation des rencontres détenus-victimes. Entre médiation et groupe de parole, In, R. Cario (dir.), Les rencontres détenus-victimes. L'humanité retrouvée, *op. cit.*, pp. 111-125.

sa capacité relationnelle. La médiation apparaît comme le champ d'exercice le plus proche[5]. Les animateurs formés à la médiation ont donc un train d'avance dans la mesure où ils ont déjà appris à être des catalyseurs, sans réel pouvoir – si ce n'est celui de responsabiliser les protagonistes –, à gérer l'interaction entre les *médiés* ainsi que les différentes émotions déclenchées (peur, colère, tristesse, sentiment de vengeance et/ou d'injustice) [6].

Pour autant, l'animation de ces rencontres est une intervention délicate. Elle nécessite la subtilité des animateurs afin d'accompagner pleinement le groupe dans ce cheminement parsemé d'embûches. En effet, la dynamique permettant à chaque participant d'entrer en communication avec les autres et avec lui-même, dépend en grande partie de la structure que les animateurs créent. Celle-ci est constituée d'éléments aussi divers que le style relationnel des animateurs, leur connaissance de la dynamique des groupes, des problématiques particulières des victimes et des détenus, le niveau de préparation des rencontres, notamment. Une telle structure (le professionnalisme des animateurs) doit déboucher sur un climat général de confiance réciproque facilitant l'expression et le changement. Sa qualité s'analyse à partir de la compréhension empathique que les animateurs sont susceptibles de manifester, à savoir leur capacité à « comprendre la signification exacte de ce que la personne communique » [7] et de le replacer dans la dynamique du changement et du développement personnel.

Le dispositif des rencontres détenus-victimes doit être contenant dans la mesure où il s'organise autour d'expériences

---

5. V. P. Mbanzoulou, *La médiation pénale*, L'Harmattan, coll. Justice au quotidien, 2ème édition, 2004, 85 p. ; M. Jaccoud (dir.), *Justice réparatrice et médiation pénale : convergences ou divergences ?*, L'Harmattan, coll. Sciences criminelles, 2003, 272 p.

6. V. en ce sens, P. Mbanzoulou et N. Tercq, *La médiation familiale pénale*, L'Harmattan, Controverses, 2004, p. 106.

7. V. C. R. Rogers, Les groupes de rencontre. Animation et conduite de groupes, InterEditions, Paris, 2006, p. 51.

humaines difficiles (et susceptibles de tensions diverses) et très souvent après un long parcours parsemé de souffrances. Le cadre doit être explicité d'emblée avant les échanges, même si cela a été fait pendant la phase préparatoire avec chaque participant. Le temps (le nombre de séances) et la gestion du temps (la contenance du temps élaboré) sont des éléments importants du cadre, qui permettent à chaque participant de relire le cheminement accompli et de se projeter. En posant le cadre des échanges, l'animateur cherche particulièrement à inscrire les participants dans les principes qui se situent au-delà des personnes pour constituer une de cadre de référence commun. Il rappelle à cette fin l'engagement de principe signé par les participants qui, lui-même, reprend l'objectif des RDV (créer un espace de parole et d'écoute où des personnes victimes et des personnes condamnées détenues qui ne se connaissent pas peuvent se rencontrer et s'exprimer librement) et ses principes [8].

Pour garantir le climat de sécurité favorable à la libre expression, l'animateur rappelle le principe de confidentialité contenu dans cet engagement, de sorte que les échanges se déroulent dans le respect des droits et de la dignité de chacun. Les professionnels présents lors des rencontres s'engagent également à en assurer la confidentialité. En cas de rupture de ce socle de confiance, ou pour toute autre raison, les participants ont toujours la possibilité de quitter le processus à tout moment. Au besoin, un accompagnement psychologique est disponible (au sein de l'établissement pénitentiaire, en milieu ouvert ou au sein d'un Service d'aide aux victimes respectivement) pendant toute la durée du programme.

D'apparence facile, le rôle d'animateur est pourtant très difficile. Il ne confine pas à la béance. Il revient en effet à l'animateur de créer un climat psychologique de sécurité favorable à l'échange et au cheminement. Cela nécessite de sa part une capacité à expliciter le cadre, de telle manière qu'il soit

8. V. en ce sens, T. de Villette, Faire justice autrement. Le défi des rencontres entre détenus et victimes, MédiasPaul, 2009, p. 103 et s.

non seulement contenant, mais aussi épanouissant. De même qu'il doit favoriser, par une organisation de la circularité de la parole, les capacités évolutives du groupe et des individus. Sans ôter au groupe sa propre responsabilité, l'animateur fait à la fois face au flot d'émotion qui peut inhiber ou faire évoluer le groupe et aux incidents qui peuvent s'y produire.

Le cadre des RDV se caractérise aussi par la présence de deux représentants de la société civile. Même bienveillante, une telle présence n'est pas sans conséquence. Elle induit nécessairement des effets sur le climat des échanges qui pourraient se traduire par l'inhibition ou la rigidité de l'expression. Une mise en mots de leur place et de leur rôle dans le déroulement des rencontres est inévitable. Associés au processus de changement, les représentants de la société civile ont pour rôle, sans interférence avec celui des animateurs, de manifester par leur présence l'intérêt porté par la société à la réparation la plus complète des répercussions de l'infraction, de soutenir les participants dans leur cheminement, de promouvoir ainsi la reconstruction du lien social. Ils pourront encore témoigner auprès de leurs communautés d'appartenance, le cas échéant, de l'équité du processus restauratif et des bénéfices induits pour la plupart des participants [9].

2. Le cheminement vers un horizon d'apaisement

S'il ne fait aucun doute que la rencontre est en soi le but poursuivi, elle est aussi un cheminement, dans la mesure où elle amorce le processus de changement. La question qui se pose dès lors est celle de savoir vers quel horizon spécifique se dirige ce processus et même s'il y a lieu, pour l'animateur, d'engager le groupe vers un tel horizon ? En choisissant l'apaisement comme horizon escompté du cheminement proposé aux

---

9. V. R. Cario, P. Mbanzoulou, Les rencontres détenus-victimes à la maison centrale de Poissy. Un retour d'expérience, *Les Chroniques du Cirap*, ENAP, juillet, 2011 ; R. Cario, *Justice restaurative. Principes et promesses*, 2è édition, L'Harmattan, coll. Sciences criminelles, 2010, p. 128.

participants de l'expérience de Poissy, les animateurs ont-ils surestimé leur rôle, ignoré le caractère modulable du dispositif, son processus propre ? Ou ont-ils simplement compris que la volonté de participation est également une demande d'apaisement, de soulagement, voire de diminution de la souffrance ?

Les victimes sont souvent enfermées dans une représentation (protectrice) du détenu comme un monstre caractérisé par une grande froideur et une forte violence. Les détenus sont persuadés que les victimes sont habitées par une haine vengeresse, entretenue par les associations qui les soutiennent et/ou par leur entourage. Les rencontres organisées à la maison centrale de Poissy n'ont pas échappé à ces représentations [10]. C'est ainsi que, dans la phase préparatoire, certaines victimes ont cru bon d'insister sur leur souhait de ne pas serrer la main des détenus, alors que ces derniers, à leur tour, s'attendaient à rencontrer des victimes vindicatives et intolérantes. Pour répondre à la demande des victimes, consigne fut alors donnée à tous les détenus de ne pas serrer la main des victimes, tout au moins lors de la première rencontre.

Pour autant, l'humain s'est imposé immédiatement. L'un des détenus avait simplement oublié (ou ignoré) cette consigne en prenant l'initiative de tendre la main aux victimes, après avoir serré celle des animateurs et représentants de la société civile. En tant qu'animateur, il était fort possible d'intervenir pour le stopper dans son élan. Le choix fut pourtant fait de responsabiliser les victimes, de les laisser réagir d'elles-mêmes face à ce qui pouvait s'apparenter à un raté en raison du non respect du souhait de l'une d'entre elles. Ainsi, la victime la plus opposée s'y est prêtée, en justifiant sa décision d'accepter la main tendue de ce détenu par le fait qu'elle n'avait vu en chacun des détenus que des êtres humains et que c'était à ce titre qu'elle souhaitait échanger avec eux durant toutes les rencontres. En faisant référence à la dimension humaine des

10. V. R. Cario, P. Mbanzoulou, Les rencontres détenus-victimes à la maison centrale de Poissy. Un retour d'expérience, *op. cit.*

détenus, la parole de cette victime a eu pour effet de détendre l'atmosphère et de favoriser l'acceptation inconditionnelle.

2.1. Le passage à l'acte comme plateforme du dialogue auteur-victime

A l'instar de la médiation, la rencontre est un espace de dialogue permettant *l'intra-médiation* des participants (leur évolution psychologique personnelle) par l'échange et la compréhension mutuelle des points de vue et par l'analyse de la dynamique infractionnelle[11]. A l'occasion de chaque rencontre, chaque participant doit pouvoir, dans le respect de la parole de l'autre, exposer ce que le crime a provoqué en lui ou en elle, ce qui demeure non résolu et ce que ces rencontres pourraient apporter ou sont sur le point d'apporter (ou non) au fur et à mesure de leur déroulement [12]. En effet, en se centrant sur la personne et sur la relation interpersonnelle, les rencontres détenus-victimes accordent une place primordiale au récit de chacun. C'est en se racontant que chacun rencontre l'autre. Ce récit permet dans une grande mesure un regard sur soi-même en revisitant sa propre histoire, son parcours et ses différents points de blocages. Il fait vivre le passé et le présent. L'entrelacement de ces deux expériences permet de comprendre peu à peu ce que l'individu communique, la signification de ce qu'il vit et sa trajectoire singulière. Le partage et l'empathie qui en découlent favorisent le cheminement vers l'apaisement mutuel des participants.

Mais que partager dans le respect de la dignité des uns et des autres ? Les détenus de leur côté ne pourraient-ils pas se servir de cette bienveillance des victimes pour ne présenter qu'une

---

11 ;V. en ce sens, E. A. Fattah, « Positions savantes et idéologiques sur le rôle de la victime et sa contribution à la genèse du crime », In R. Cario et P. Mbanzoulou (dir.*), « La victime est-elle coupable ? » Autour de l'œuvre d'Ezzat Abdel Fattah*, L'Harmattan, coll. Controverses, 2004, pp. 23-41 ; P. Mbanzoulou et N. Tercq, La médiation familiale pénale, *op. cit.*, p. 25.

12. V. R. Cario, P. Mbanzoulou, Les rencontres détenus-victimes à la maison centrale de Poissy. Un retour d'expérience, *op.cit.*

partie supportable des faits ? Ne risqueraient-ils pas de s'enfermer dans des propos convenus et passer ainsi à côté d'une vraie authenticité des échanges gage de restauration pour les victimes et de responsabilisation pour eux-mêmes ?

Dans l'expérience restituée, les victimes attendaient des détenus qu'ils les éclairent sur les points restés sans réponse depuis leur victimisation : le processus du passage à l'acte, depuis la maturation criminelle jusqu'à l'exécution de l'acte ; la difficulté à s'arrêter dans le déroulement de l'acte, les dernières paroles de la victime, les risques de récidive et les dispositions prises par les détenus pour l'éviter. Même si elles affirmaient ne pas rechercher des détails sordides, leur insatisfaction était très perceptible dès lors que les détenus, par pudeur ou par calcul, semblaient occulter certains détails de l'acte ou du processus. La sincérité des détenus pouvait ainsi être mise en doute. Le souhait marqué des victimes d'obtenir davantage de détails sur le déroulement des faits traduit une vraie ambiguïté. Cherchaient-elles à confirmer l'image du monstre des détenus, tellement rassurante quant à sa propre nature, ou s'agissait-il d'un vrai besoin de savoir pour s'apaiser au risque de balayer la dimension humaine des détenus ?

Un échange entre une victime et un détenu condamné pour viol pourrait illustrer le malaise des victimes face à des détenus « réhumanisés ». Alors que le détenu évoquait son crime, la victime lui demanda s'il se soignait en prison. Ce dernier répondit, presque désolé de la décevoir, qu'il n'était pas malade et que tout son problème se situait là : tout serait plus simple pour lui-même et pour son fils disait-il, (sans aucun doute pour la victime aussi) s'il avait été malade. Or il n'en est rien. Si ce détenu voulait assumer ainsi toutes ses responsabilités, tout en soulignant combien ces actes lui étaient incompréhensibles, on voit clairement que cette figure du monstre restait en creux des échanges entre les victimes et les détenus.

Exercice délicat et inhabituel pour les détenus, la narration des actes commis pouvait se heurter à la hiérarchie des crimes établie en détention et constituer au mieux un frein à l'expression, au pire une mise en danger dans la mesure où dans le groupe se trouvaient aussi des auteurs d'agression sexuelle, dont on connaît la vulnérabilité en milieu carcéral. La confidentialité et la confiance entre participants devenaient des éléments essentiels de leur sécurité et de leur implication. Les différentes tensions observées tant chez les victimes que chez les détenus ne devaient pas être ignorées, elles devenaient des sources de blocage dans le cheminement de chacun, notamment face à la pressante demande de précisions et de détails de la part des victimes. Le cheminement des victimes principalement passait alors par « la quête de récit et de vérité factuelle » [13] et le dépassement de l'ambivalence qui en résulte : entre l'empathie et l'identification aux détenus et le rejet des actes criminels qu'ils ont commis.

2.2. L'empathie entre participants : un élément paradoxal du cheminement

Les rencontres détenus-victimes questionnent toujours sur ce qui peut faire lien entre des gens qui ne se connaissent pas et surtout ce qu'ils peuvent tisser ensemble. Dès la première rencontre, les échanges se sont vite engagés avec une authenticité et une profondeur surprenantes. Signe d'une acceptation inconditionnelle des participants (chacun étant accueilli avec bienveillance par l'autre), cette situation était favorable à l'expression libre du vécu ou du passage à l'acte sans se sentir jugé ou rejeté. A l'instar d'un groupe de parole, il devenait possible d'aborder des sujets qu'il était difficile, voire impossible, d'évoquer en famille ou avec son entourage. A tel point que certains détenus et victimes pouvaient souligner l'exclusivité de nombre de faits ou propos partagés. L'empathie ressentie par les victimes envers les détenus semblait très précoce. Mais comme le souligne Carl Rogers, « un groupe peut démarrer dans une ambiance très animée mais superficielle, puis progresser, en quelques petites étapes, vers une plus grande

13. V. N. Pignoux, Réparation globale de la victime d'infraction, *In* J.L. Senon, G. Lopez, R. Cario (Dir.), *Psycho-criminologie*, 2ème édition, Dunod, 2012, p. 437.

liberté. Un autre peut démarrer dans une ambiance très spontanée, riche en expression de sentiments, et faire ensuite un long chemin qui le mènera au développement maximum de son potentiel » [14].

Dans l'expérience de la maison centrale de Poissy, plus proche du second groupe, l'empathie des victimes envers les détenus est devenue problématique dès la deuxième rencontre. La figure du monstre des détenus restée en creux des échanges est sans doute ce qui explique le malaise ressenti par les victimes face à une telle empathie, dans la mesure où elles commençaient à distinguer l'acte, quoique monstrueux, de la personne. Un sentiment de trahison à l'égard de leur entourage et des victimes directes pouvait naturellement découler de cette alliance, à la hauteur d'ailleurs du trouble exprimé. La rencontre les exposait à la situation de double contrainte bien connue en médiation : accepter la collaboration sans trahir leur environnement familial et amical. Ce clivage de loyauté n'est pas à négliger dans la mesure où il pourrait déboucher sur un comportement de désinvestissement, notamment chez les victimes.

En acceptant de participer à ces rencontres, les victimes étaient très sûres de leur altérité, basée tout à fois sur la souffrance qu'elles avaient subie et, pour deux d'entre elles, sur la décision de justice reconnaissant officiellement leur statut de victime. L'humanité perçue des détenus et la proximité de certains d'entre eux au travers de leurs parcours de vie ou leurs représentations, brisaient cette certitude et rendaient problématique leur engagement. Comme pour la médiation, il existe aussi pour les RDV « l'autre scène » invisible « où se nouent et se dénouent des idées, des représentations, des émotions, des conflictualisations issues de vécus intersubjectifs antérieurs souvent très douloureux » [15]. La famille et les

14. V. C. R. Rogers, Les groupes de rencontre. Animation et conduite de groupes, *op. cit,* pp. 44-45.

15. V. B. Gaillard et J. Durif-Varembont (dir.), La médiation. Théorie et pratiques, *op. cit.*, p. 52.

associations de victimes, même absentes physiquement, interviennent dans les représentations des victimes tout comme celles des détenus. Le sentiment de trahison qui peut naître de l'alliance entre détenus et victimes peut s'expliquer par ces différentes tensions.

3. L'alliance des souffrances

Les RDV sont notoirement connues comme des moments privilégiés de la (re)découverte de l'humain chez chacun des protagonistes. Comme l'a souligné Carl Ransom Rogers, à propos des groupes de rencontre, « l'individu en vient à se connaître lui-même et à connaître les autres plus complètement que cela ne lui est généralement possible dans ses relations sociales ou professionnelle. Il acquiert ainsi une intelligence profonde de son moi intime et de celui des autres, de ce « moi » qui d'habitude s'abrite derrière une façade »[16]. Au surplus, l'animateur peut être témoin d'une véritable hybridation des deux groupes (détenus et victimes) favorisée par une alliance des souffrances. Durant l'expérimentation restituée, cette alliance pouvait se traduire d'une part, par la prise de conscience, par les détenus, de la souffrance des victimes, brisées à vie : « je n'avais jamais mesurer l'impact de mon geste à long terme sur la victime » ou « j'ai touché du doigt les dégâts causés aux victimes ». D'autre part, les victimes étaient également déstabilisées par la souffrance vécue par les détenus en détention en raison de la violence carcérale et des pertes causées à leurs familles, entourage et à eux-mêmes.

Outre la reconnaissance mutuelle qu'elle traduit, l'alliance des souffrances favorise l'appréhension de l'humanité des détenus, qui en retour participe au processus de restauration des victimes. Pour autant, l'évolution du groupe pourrait être perturbée par une telle fusion. Il paraît tout aussi nécessaire de maintenir une ligne de partage claire entre les deux groupes

16. V. E. Marc, Un franc-tireur, In C. R. Rogers, Les groupes de rencontre. Animation et conduite de groupes, *op. cit.*, p. X.

pour permettre à chacun de s'exprimer à partir d'une position bien identifiée, en véritable interlocuteur. D'autant que la ligne de partage devenait très ténue dès lors que les échanges entre eux permettaient différentes formes d'identification, les détenus ayant subi dans leur vie différentes formes de violences et d'abandon, alors que les victimes soulignaient la chance qu'elles avaient eue de ne pas basculer, à certaines occasions, dans le passage à l'acte. Paradoxalement, cette part d'ombre de chacun, bien accompagnée par l'animateur, laissait la place à l'approfondissement des échanges, à l'interconnexion et à leur évolution.

4. Le coup de théâtre

Le pire moment de l'expérimentation fut celui de la découverte d'une condamnation en récidive cachée d'un des détenus auteur de viol. Alors que les échanges au cours de la séance précédente étaient centrés sur la récidive et les moyens de l'éviter, les détenus soupçonnant l'un d'eux d'être récidiviste avaient décidé de produire à la prochaine séance leurs fiches pénales afin de le confronter à ses incohérences (quantum de la peine) et ses mensonges. L'enjeu était très important pour eux, dans la mesure où ils redoutaient de perdre leur crédibilité auprès des victimes qui pourraient de fait remettre en cause l'authenticité de leur démarche et le cheminement entrepris. La brutalité du geste était à la mesure de l'engagement de chacun d'eux. Si leur démarche tranchait sur certains points avec l'esprit des RDV (droit à garder des zones d'ombre), elle le rejoignait sur d'autres (responsabilisation des participants).

Les risques étaient nombreux. Le cheminement des participants est précaire dans la mesure où il dépend du degré de sincérité accordé à la parole d'autrui (détenu ou victime) et du regard posé en retour sur chacun. Un mensonge perçu ou révélé pouvait être dévastateur. Au-delà du fait que les RDV ne sont pas des lieux de jugement où l'on devait apporter la preuve de ce qui est avancé, la démarche envisagée risquait de déboucher au mieux sur la marginalisation du détenu concerné, au pire sur son retrait du dispositif ; avec une fragilité certainement beaucoup plus importante qu'à l'entrée. Il était nécessaire de trouver un mode de gestion de ce conflit qui soit adapté à la situation. La gestion en deux temps s'est avérée efficace. Dans un premier moment le groupe des détenus a été rencontré séparément avant l'arrivée des victimes afin de désamorcer le conflit et d'étudier ensemble la meilleure manière de le restituer aux victimes. Dans un second temps, ce conflit a été présenté aux victimes en début de séance. Replacé dans un contexte général de cheminement différentiel, les victimes ont apprécié cet aveu attendu, comme gage supplémentaire de la sincérité des échanges. Elles ont perçu les bénéfices immédiats de leur investissement en contribuant à l'évolution de ce détenu capable d'assumer désormais son acte.

Face à ce coup de théâtre révélant une faille dans la préparation des rencontres, le groupe avait su faire preuve de sagesse et de capacités évolutives insoupçonnées. Cet événement a constitué un tournant important dans le cheminement de chacun et du groupe, dont les effets cathartiques ont été soulignés par nombre de participants dans les entretiens post-session.

5. Les bénéfices variables des participants

Quelles étaient les attentes des participants à l'entrée du processus ? La recension de celles-ci au moment des entretiens de sélection et lors du tour de table initial permettait de relever les besoins suivants : le dialogue, la compréhension, l'écoute, l'échange, essayer de répondre aux questions que peuvent se poser encore les victimes, essayer d'être utiles aux victimes. Complétés à la fin de la première rencontre, d'autres mots clés sont venus exprimer leurs attentes : l'empathie, l'écoute et l'humain. Le moment du bilan permettait à chacun de mesurer l'apport des rencontres, les cheminements engagés et les libérations procurées.

5.1. Pour les victimes

Il était important pour les victimes d'obtenir des réponses aux questions demeurées sans réponse. L'une d'elle était suspendue à ce qu'elle avait lue dans le dossier d'instruction dans lequel l'assassin de sa fille, parlant des derniers instants, indiquait que la victime la regardait et qu'elle pleurait. La mère de la victime directe voulait savoir si les détenus qui étaient là pensaient aussi aux derniers instants de leur victime et quelle place cela prenait dans leur vie ? Questions auxquelles certains détenus ont répondu en affirmant leur difficulté à oublier les derniers regards et instants de la victime. Dès la fin de l'expérimentation, l'horizon des victimes semblait dégagé. Convaincues du bien fondé de leur démarche, les rencontres ont permis à certaines d'entre elles d'évoquer plus profondément des situations personnelles (jamais évoquées en famille). Elles ont eu le sentiment d'être à leur tour « réhumanisées » par cette expérience. L'implication dont elles ont faire preuve dans la personnalisation des cadeaux remis aux détenus lors de la dernière séance en est une illustration. Les entretiens post-session organisés par l'INAVEM laissent apparaître des évolutions notables auprès de chaque victime. Le fait le plus marquant s'observe auprès d'une victime qui a repris le dessin, activité abandonnée depuis sa victimisation.

5.2. Pour les détenus

Les bénéfices des détenus se détachent difficilement de leur apport aux victimes. Le bénéfice principal présenté par eux peut se résumer en cette phrase prononcée plusieurs fois lors du bilan : « être entré et sorti du dispositif en tant qu'être humain ». En effet, les détenus ont été touchés de se sentir « réhumanisés », regardés comme tel par des personnes qui avaient toutes les raisons de les considérer comme des monstres. Incarnée par la confiance témoignée par les victimes et la qualité des échanges réalisés, cette dimension humaine peut également s'analyser comme l'une des principales contributions des détenus à la restauration des victimes. En ce sens, le bénéfice pour les détenus est d'avoir permis aux victimes de croire à nouveau en l'être humain grâce à la mise en évidence de leur humanité. De même que la rencontre leur a permis de percevoir de manière palpable la réalité du vécu des victimes (avant comme après le procès) et de modifier ainsi la « figure » qu'ils en avaient.

Plus prosaïquement, la satisfaction tirée de ces rencontres est d'avoir permis également aux victimes de se rendre compte qu'il n'y avait pas toujours d'explications logiques du passage à l'acte et qu'il fallait admettre une part d'ombre dans la victimisation qu'elles ont subie afin d'avancer dans leur processus de deuil.

De façon plus personnelle, les entretiens post-session réalisés par les conseillers pénitentiaires d'insertion de probation laissent apparaître des évolutions individuelles assez marquées. Les rencontres sont apparues comme le moment de clore certains chapitres de leur vie, de lâcher prise, de se poser des questions sur la direction prise en détention, de regarder des souvenirs refoulés et de les exorciser. Un tel travail sur eux-mêmes, qui passait également par la confrontation à leur processus du passage à l'acte, a abouti pour chacun d'eux à une libération et à un apaisement. Plus généralement, ils cheminent désormais vers plus de maturité et de contrôle sur leur vie en gérant mieux les échecs face à leur situation pénale, en assumant plus leur parcours de vie, en envisageant un avenir parmi nous comme possible.

Conclusion

Organiser un espace de rencontre détenus-victimes en France a nécessité le dépassement du puissant paradigme de notre pratique judiciaire qui voudrait que ces deux groupes soient séparés par une cloison très étanche, ne serait-ce par peur d'exposer les victimes à une seconde victimisation face à un processus non maîtrisé. La crainte de déclencher auprès des détenus des émotions et actes susceptibles de nuire à la sécurité de l'établissement (colère, violence, déprime) n'est pas en reste. La mise en place d'une structure très encadrée (cahier des charges, coordination des rencontres, partenariat suivi, accompagnement psychologique) constituait un gage sérieux pour les différentes institutions engagées.

Même si l'inattendu n'est pas à exclure, les rencontres détenus-victimes produisent des effets non négligeables. Pour l'administration pénitentiaire, le soutien apporté à ce projet s'inscrit dans une politique globale de responsabilisation des personnes détenues et de lutte contre la récidive. Elle en attend légitimement des effets très positifs sur les détenus que ce soit dans la prise de conscience de la réalité de la victime, dans la prise en compte des dommages à long terme générés sur les victimes que dans la possibilité d'exprimer une culpabilité qui ne peut avoir d'interlocuteur légitime en détention. Tout comme elle espère, de la part des victimes, une prise de conscience que l'auteur est aussi un être humain, et non plus seulement un « monstre ».

Dans la mesure où les RDV, comme l'ensemble des dispositif de justice restaurative, ont pour finalité de favoriser pour chaque participant, sa capacité à comprendre ses difficultés, à trouver ses propres solutions et à apporter les changements qui conviennent, une telle ambition institutionnelle n'est pas exagérée [17]. Qu'est-ce qui s'est déclenché pendant ces rencontres ? Qu'est-ce qui avance ? Que fait-on avec ? Sont autant de questions que peuvent se poser les professionnels accompagnant les personnes détenues ou les victimes.

En effet, la participation à ces rencontres produit sans conteste des effets variables sur les individus que les conseillers pénitentiaires d'insertion et de probation peuvent accompagner dans le cadre du travail classique avec le détenu, sur le passage à l'acte ou sur la récidive notamment. De même que les victimes peuvent poursuivre (voire terminer) leur travail de deuil en acceptant plus facilement l'absence de réponses à

---

17. V. not. R. Cario, P. Mbanzoulou (Dir.), *La justice restaurative : une utopie qui marche ?*, L'Harmattan, 2010.

certaines questions qui bloquaient leur processus de deuil. Les rencontres ont pu être pour elles l'occasion d'analyser des questions restées en suspens. Un accompagnement peut alors plus pertinemment être envisagé sur la base des mêmes questions : qu'est-ce qui s'est déclenché pendant ces rencontres ? Qu'est-ce qui avance ? Que fait-on avec ?

Bibliographie

R. Cario (dir.), Les rencontres détenus-victimes. L'humanité retrouvée, L'Harmattan, Controverses, 2012

R. Cario, *Justice restaurative. Principes et promesses*, 2è édition, L'Harmattan, coll. Sciences criminelles, 2010,

R. Cario, P. Mbanzoulou, Les rencontres détenus-victimes à la maison centrale de Poissy. Un retour d'expérience, *Les Chroniques du Cirap*, ENAP, juillet, 2011

R. Cario, P. Mbanzoulou (Dir.), *La justice restaurative : une utopie qui marche ?*, L'Harmattan, coll. Controverses, 2010.

R. Cario et P. Mbanzoulou (dir.), « La victime est-elle coupable ? » Autour de l'œuvre d'Ezzat Abdel Fattah, L'Harmattan, coll. Controverses, 2004

T. de Villette, Faire justice autrement. Le défi des rencontres entre détenus et victimes, MédiasPaul, 2009

B. Gaillard et J. Durif-Varembont (dir.), *La médiation. Théorie et pratiques*, L'Harmattan, Sciences criminelles, 2007

M. Jaccoud (dir.), Justice réparatrice et médiation pénale : convergences ou divergences ?, L'Harmattan, coll. Sciences criminelles, 2003

P. Mbanzoulou, *La médiation pénale*, L'Harmattan, coll. Justice au quotidien, 2ème édition, 2004

P. Mbanzoulou et N. Tercq, *La médiation familiale pénale*, L'Harmattan, Controverses, 2004

C. R. Rogers, Les groupes de rencontre. Animation et conduite de groupes, InterEditions, Paris, 2006

J.L. Senon, G. Lopez, R. Cario (Dir.), *Psycho-criminologie*, 2ème édition, Dunod, 2012

6

Souffrance et harcèlement au travail : Etude clinique du renversement de victimé à victimant Le cas de Mme D.

Par Sonia HARRATI, David VAVASSORI
et Valérie MAZOYER

1. Introduction

Au cours des deux dernières décennies, les travaux d'éminents philosophes [1], historiens [2] économistes [3], psychiatres [4], psychanalystes [5], sous des dénominateurs divers comme post-modernité, hyper-modernité, ont caractérisé le contexte sociétal, technologique, géopolitique, économique, contemporain, frappé par des crises et des mutations dont l'amplitude,

---

1. Serres M. (2012). *Petites Poucettes*. Broché, Paris. Lypovetsky G. (2006). *Le bonheur paradoxal*. Gallimard, Paris.

2. Gauchet, M. (1985). Le désenchantement du monde. Une histoire politique de la religion. Paris, Gallimard, Paris.

3. Attali J. (2003). *L'homme nomade*. Fallard. Paris.

4. Lebrun J.P. (2004). Un monde sans limite, pour une clinique psychanalytique du social. Érès, Paris.

5. Melman C. (2002). *L'homme sans gravité*. Denoël, Paris.

la violence, la vitesse de propagation, sèment le désenchantement et la peur dans les pays nantis, pourtant épargnés par la désolation qui sévit dans d'autres populations. La destruction ou la segmentation et la délocalisation des moyens de productions, la mondialisation accélérée par les nouvelles technologies de la communication et la révolution des systèmes financiers, la dérégulation tant des relations sur site de travail que des rapports politiques entre nations en quête de nouvelles alliances, la vitesse des changements, la flexibilité, les déplacements, la désynchronisation des modes de vie et des systèmes, l'effacement de la singularité et la faillite de la convivance... font craindre une déshumanisation du travail sacrifié à l'avidité des marchés financiers.

Dans le champ actuel du travail – *réveillés par la peur du risque et motivés par les réflexes sécuritaires* – la dénonciation justifiée du harcèlement moral et la médiatisation des suicides dans les entreprises performantes ont nécessité de considérer et d'identifier la souffrance au travail *(addictions, passages à l'acte violents, suicide, dépression, burn out, destructions de biens)* [6]. Avec le risque d'ailleurs que la médiatisation et la contagion compassionnelle ne cachent ce que nous désignons comme relevant de la souffrance « blanche », c'est-à-dire une souffrance masquée, innommable, voire impensable. En effet, le travail humain est une mise en combustion des composants physiques, sociaux et psychiques qui, par transformations des matériaux et des hommes, va générer une production à la fois utile et source de profit économique - ce qui est communément reconnu - mais aussi, comme Dejours (2009) [7] le met en exergue, un accroissement esthétique *(des opérations, des ouvrages...)* et éthique *(du bien commun, du vivre ensemble).*

De cette combustion, il faut alors savoir réguler la valeur qui brille mais aussi la souffrance consumée, ce qu'on pourrait traduire par l'oxymore « la face cachée du travail ».

---

6. Ehrenberg A. (1991). Le culte de la performance. Paris, Calmann-Lévy.

7. Dejours C. (2009). Travail vivant. Sexualité et travail. Payot, Paris.

Parallèlement à la richesse clinique des recherches en santé mentale au travail, la notion de harcèlement, récemment apparue (Hirigoyen, 1998) [8], semble avoir embolisé surtout l'horizon conceptuel, au point que toutes les plaintes des salariés se présentent ainsi nommées (Grenier-Pezé, 2003) [9]. Cette recrudescence des plaintes déposées est corollaire d'une reconnaissance de la souffrance au travail et d'une prise de conscience morale et progressive du harcèlement moral. En réponse, la plainte des victimes se construit autour de la notion de respect et dénonce les atteintes à la dignité appelant à la réparation.

Mais comment penser une possible réparation lorsque la santé mentale et/ou physique est touchée, voire dégradée, que le sens du travail est en perdition ou encore que le salarié est confronté à la perte de son emploi ? Et cette réparation devenue nécessaire, concerne-t-elle exclusivement le lieu du travail ou est-elle à entendre comme entrant en résonance avec d'autres lieux de l'histoire de vie ?

2. Problématique

Notre questionnement trouve sa rationalité à la fois dans la psychodynamique du travail et dans la psychologie clinique instruite par la référence psychodynamique et psychocriminologique, c'est-à-dire s'inscrit dans d'autres cheminements que ceux de l'ingénierie et du management, de la psychologie sociale ou de la sociologie des organisations légitimement convoquées par ce domaine d'étude.

La première voie ouverte et éclairée par Dejours (1980 [10], 1995 [11], 2000 [12]), Clot (2005 [13], 2010 [14]) et Lhuillier (2006 [15]) et

---

8. Hirigoyen M.F. (1998). *Le harcèlement moral.* Siros, Paris.

9. Grenier-Pezé M. et al. (2003). La notion de harcèlement dans le travail : réparation ou reconnaissance de la souffrance au travail ? *Martin Média, Travailler,* 9, 189-205.

10 Dejours C., (1980). Travail : usure mentale, Essai de psychopathologie du travail. Le Centurion. Paris.

leurs collaborateurs a pour nous l'avantage d'avoir établi d'une part, la « centralité du travail » dans la construction de la santé et de l'identité, et d'autre part, la « centralité de la vie personnelle » et ses aménagements dans l'affiliation affective et l'émancipation subjective de l'homme parlant, en quête de reconnaissance. Dans cette perspective, la souffrance au travail et le harcèlement sont interrogés comme phénomènes de souffrance parmi d'autres.

Aussi, la seconde voie nous invite à penser et à interroger la souffrance et le harcèlement au travail en termes de construction de trajectoire existentielle susceptible d'aménagement, de déplacements, de retournement des positions victimant / victimé – victimé / victimant (Pignol & Villerbu, 2008 [16]). Cette lecture suppose d'interroger tous les champs de la vie (professionnel, familial, social, somatique, affectif…) et de mettre en évidence une possible contrainte – inconsciente – à l'œuvre orientant la construction d'une trajectoire de vie au sein de laquelle une situation de souffrance de harcèlement au

---

11. Dejours C. (1995). *Le facteur humain.* PUF, Paris.

12. Dejours C. (2000) Préface, in Carpentier-Roy, M.C., Vézina, M.,.éds., *Le travail et ses malentendus, Enquêtes en psychodynamique du travail au Québec*, Les Presses de l'Université Laval, Octares, 9-18.

13. Clot Y. (2005). Métier en souffrance et clinique du travail. Eres, Paris.

14. Clot Y., Lhuillier D. (2010). *Agir en clinique du travail*. Eres, Paris.

15. Lhuillier D. (2006). *Clinique du travail.* Eres, Paris.

16. Pignol P., Villerbu L.M. (2008). Nouvelles réflexions sur le couple pénal en victimologie. Vers une quatrième victimologie, in *Psycho-criminologie*, Senon J.-L., Lopez G., Cario R. et al, Masson, Paris. 261-266.

travail vient s'inscrire (Villerbu, 2004 [17] ; Le Bas, 2005 [18] ; Harrati et al. 2012 [19]).

Ainsi cette double référence porte-t-elle à considérer le sujet humain, non pas comme une variable solipsiste invoquée à l'instar de la subjectivité comme inconnue, imprévisible, accidentelle, responsable de défaillances, mais comme une construction culturelle complexe articulant corporéité, socialité (intrasubjective, éthique) et la subjectivité, toutes trois mises à l'épreuve par le travail qui transforme le sujet en même temps que son environnement humain et non humain.

Notre contribution se donne pour objectif de montrer en quoi une situation de souffrance et de harcèlement au travail peut s'avérer plus complexe que prévue dans sa construction. Plus précisément, à partir d'un cas clinique, celui de Mme D., nous tentons de comprendre les enjeux psychiques liés à la situation de souffrance et de harcèlement moral au travail. Il convient alors de repérer comment celle-ci vient focaliser une conflictualisation déjà à l'œuvre et la manière dont elle se déplace tout en s'aménageant dans d'autres champs d'existence.

3. Le cas de Mme D.

Mme D. est âgée de 45 ans au moment où nous la rencontrons. Elle est en arrêt maladie depuis plusieurs mois. Elle fait état de crises anxieuses depuis que son directeur et sa directrice adjointe ont déposé une plainte du chef de

---

17. Villerbu L.M. (2004). D'une formule embarrassante à une autre : l'interchangeabilité des positions d'agresseur et de victime. A propos de « la victime est-elle coupable ? » In R. Cario, *La victime est-elle coupable ? Autour de l'œuvre d'Ezzat Abdel Fattah,* Paris, L'Harmattan, Pais. 43-59.

18. Le Bas P. (2005). Victime et sérialité : la sérialité victimale au regard d'une position existentielle et d'un trajet existentiel singuliers. *Les cahiers de l'Institut de Criminologie et Sciences Humaines.* Numéro hors série. 35-62.

19? Harrati S. et al. (2012). De la violence des mères et de ses répétitions : à propos d'un cas de filicide ou l'histoire d'une liaison dangereuse. *Cahiers de psychologie clinique,* 2, 39. 63-84.

« dénonciation calomnieuse » à son encontre. Deux ans auparavant, Mme D. avait déposé plainte *« auprès du Procureur de la République pour harcèlement moral »* à l'encontre de ces mêmes chefs hiérarchiques. Toutefois, l'affaire est classée sans suite pour motif *« d'infraction insuffisamment caractérisée »*.

À propos de son histoire

Mme D. est la seconde d'une fratrie de trois enfants *« j'ai une sœur qui a 47 ans et un frère de 41 ans»*. Ses parents *«ouvriers»* à la retraite sont originaires d'un pays européen. C'est pourquoi, aujourd'hui ils vivent *«6 mois en France et 6 mois »* dans leur pays d'origine. Mme D. décrit une configuration familiale d'origine marquée par la référence religieuse, et sous l'emprise d'un père despotique *«mes parents sont catholiques (...) ils ont toujours été des croyants pratiquants (...) mon père est autoritaire, c'est un homme dur qui a de la poigne, j'ai été élevée à la dure, il nous pardonnait rien (...) avec ma mère aussi il était dur, il ne lui pardonnait rien, ma mère est quelqu'un de soumis et gentil»*. Les images parentales dans le discours sont clivées : *dur/soumis, ferme/gentil,* chaque posture coexistant avec son opposé sans contradiction, sans que ces deux mouvements soient intégrés.

Dans un mouvement d'identification et d'idéalisation, elle revendique les valeurs de son éducation, ainsi que l'engagement familial dans la lutte sociale et ouvrière dans la filiation des générations *«j'ai beaucoup de respect pour mes parents (...) mon père nous a inculqué la valeur du travail, j'ai toujours vu mes parents travailler (...) mon grand-père a fait 10 ans de prison »* sous le dictateur du pays *« car il s'est opposé (...) mon père était syndicaliste, il s'est engagé pour les ouvriers »*.

Sur le plan scolaire et professionnel, Mme D. décrit une scolarité non investie jusque la classe de 6ème, classe qu'elle redouble *«mes résultats étaient bons mais je vivais tranquillement, je faisais pas grand-chose, j'aimais jouer, j'ai été très gamine pendant longtemps (...) pour me donner une leçon on m'a fait redoubler ».* Ce redoublement semble vécu sur le mode de la passivité dans laquelle elle se présente comme l'objet persécuté par un autre.

Pour elle, son placement dans une institution religieuse signe un nouveau départ : elle s'est construit identificatoirement, ce qui implique un autre rapport à l'autre familial sans qui Mme D. ne peut ni se définir, ni se reconnaître *«j'étais dans une école religieuse (...) j'ai commencé à être dans les meilleurs ».* Après l'obtention du *«BTS de secrétariat de direction bilingue»,* elle accepte un premier emploi qui constitue un socle de repères identificatoires et de modalités défensives identitaires *«j'ai pris le premier boulot qu'on m'a proposé (...) j'aurais vécu comme humiliant le fait de pointer ».* Elle exerce ses premières fonctions dans une direction départementale du travail en tant que sténodactylographe et passe avec succès le concours de contrôleur. Cependant, cet étayage sur le corps professionnel, assurant une fonction de contenance, n'est pas sans sacrifices. En effet, d'abord nommée loin de son domicile, elle obtient sa mutation six ans après *« c'était difficile, le climat était horrible et je faisais les aller-retour toutes les semaines ».*

Sa vie affective se caractérise par plusieurs échecs et déceptions. Mme D. décrit un premier amour platonique « de 12 à 22 ans tous les ans quand j'allais en vacances on se voyait mais une année j'ai appris qu'il fréquentait une autre fille », puis renonce à un premier mariage qu'elle qualifie de « mariage par dépit » en raison de l'absence de désirs charnels «il ne pouvait pas consommer et comme il était malheureux, j'ai décidé de me séparer de lui ».

Quatre années après, elle rencontre et épouse son ex-mari, et donne naissance à ses deux enfants avec lesquels l'entente est satisfaisante *« je suis complice avec ma fille, on a beaucoup de choses en commun ».*

Toutefois, cette vie conjugale ne semble pas lui offrir de satisfactions substitutives aux désirs forgés par son histoire infantile. Source de contraintes, de conflits et d'angoisses, la sphère conjugale apparaît comme un lieu de souffrance dans lequel s'exerce le mésusage de l'affirmation d'un « Je » *«c'était quelqu'un de très immature, il était assureur et allait s'amuser plusieurs fois par semaine, c'est moi qui tenait les rênes, il a fait des trous de caisses, il fallait que je demande de l'aide à mes beaux-parents (...) j'ai demandé le divorce au bout de sept ans».* Cet acte de désengagement physique et psychologique est pourtant mis en échec par la rencontre d'autres expériences sentimentales *«pas très heureuses »,* dont une particulièrement traumatique dans laquelle Mme D. est rabaissée au statut d'objet sadisé *« j'y tenais beaucoup à cet homme mais ça se passait mal avec les enfants, il était violent, il me battait, une fois il a essayé de m'étouffer ».* Face à cette mise en échec, épreuve douloureuse, Mme D. se présente comme dépourvue de ressources psychiques face à la perte de l'objet qui l'insécurise, de possibilités de dépassement, de découverte, de créativité, au-delà de la répétition *« je vais rester seule (...) c'est aussi dur d'être seule (...) c'est dur d'avoir une vie sociale».*

Par ailleurs, d'autres formes d'atteintes du corps sont manifestes. Mme D. relate deux accidents ayant nécessité de lourdes prises en charge médicales et induit des symptômes psychopathologiques *« il y a près de 20 ans, j'ai eu un accident de voiture (...) j'ai porté un appareillage pendant deux ans suite à une fracture des vertèbres dorsales (...) j'ai fait ensuite une dépression post-traumatique (...) j'ai eu un autre accident, j'ai eu plusieurs fractures (...) je dois porter un corset».* Ces évènements, vécus avec douleur et sentiment de culpabilité, témoignent d'expériences de perte d'étayages par l'amputation du pouvoir d'agir et entrave es investissements professionnel et maternel *«c'est dur de ne pas pouvoir travailler, de ne pas pouvoir m'occuper de mes enfants, je suis une mère très fusionnelle donc c'est dur ».* D'autres troubles physiques sont à relever comme les crises d'asthme ou d'eczéma « *depuis l'âge de 12 ans ».*

À propos des faits dont elle se dit victime et des faits l'incriminant

Le discours de Mme D. reste essentiellement centré sur le récit des faits dont elle se dit victime, et induit à plusieurs reprises des débordements émotionnels nécessitant plusieurs pauses « *mon ancien directeur m'a prise en grippe, un soir il est venu dans mon bureau et m'a dit qu'il allait me faire perdre mon emploi* ». Elle évoque une série d'atteintes dont elle est régulièrement l'objet telles que le désaveu de ses compétences professionnelles et le mépris de sa personne « *il dénigrait mon travail sans arrêt (...) il avait un mépris total pour moi* (...) *il me reprochait des antécédents médicaux (...) il m'a dit que je suis une malade mentale* », les désavantages évaluatifs et financiers « *j'ai eu de mauvaises notations pour la prime* », l'obstruction de ses perspectives d'évolution de carrière « *j'ai demandé à changer de service (...) mais à chaque fois il me dit que je n'ai pas le profil de poste* », ainsi qu'une surcharge et une pression de travail « *il me donnait un travail énorme (...) j'étais seule à traiter les dossiers (...) la directrice adjointe me convoquait, suspectait des fraudes, me fliquait* ».

Mme D. fait état d'une situation professionnelle de harcèlement et de souffrance qui, selon elle, s'est installée de manière progressive et insidieuse sur plusieurs mois. C'est lorsque cette situation arrive à son paroxysme, que Mme D. dit prendre conscience de la nature des faits. Dès lors, le débordement, le vacillement la menacent en tant que sujet, atteinte justement au cœur du processus de subjectivation. Pour interrompre ces attaques répétées, qu'elle fait le choix de porter plainte contre son directeur et sa directrice adjointe « *au bout de quelques mois d'acharnement j'ai déposé plainte* ».

Toutefois, la dénonciation de ces violences subies, la formulation de ses éprouvés et de ses désirs ne sont pas reconnus, et sa plainte judiciaire est classée sans suite « *j'ai déposé plainte mais le Procureur a classé l'affaire car l'infraction n'était pas assez caractérisée* ». En plus de la non-reconnaissance de sa condition de victime, Mme D. évoque une situation lestée par le renversement de sa position de victimé à celle de victimant « *maintenant c'est eux qui portent plainte contre moi pour dénonciation calomnieuse, c'est moi qui suis accusée* ».

Tout se passe comme si il y avait un enkystement, un circuit traumatique de la violence, une incorporation de l'agression sans résolution. Ici la violence, qui a effracté l'intégrité physique et psychique de Mme D., laisse des traces traumatiques sur le psychisme et le corps, qui ne peuvent être dépassées. Véritable indistinction entre l'agresseur et l'agressé, l'agresseur devient l'agressé et l'agressé, l'agresseur.

4. Discussion

Le harcèlement au travail comme mise en échec de l'expérience de la subjectivation

Le récit de Mme D., riche d'évènements et de détails témoigne de sa capacité, mais aussi du besoin, de se raconter. Toutefois, dans cette affluence de paroles, il lui est pénible de replacer et structurer, dans le temps et le contexte, les faits et les actes qu'elle relate. D'emblée, elle se pose en situation de victime et laisse entrevoir un environnement particulièrement hostile à son égard. Il n'y a jamais d'autocritique dans ce qu'elle avance, tous ses propos se rattachent à ses profondes convictions. Ainsi, dans ce qu'elle décrit d'elle-même dans le temps et l'espace, il est difficile de saisir des périodes de vie positives à l'exception de moments plus calmes et fortement idéalisés lorsqu'elle est enfant ou adolescente.

Son histoire, telle qu'elle la restitue, se focalise essentiellement sur les registres professionnel et somatique / psychique. Réciproquement, les difficultés rencontrées dans l'un viennent ainsi expliquer celles émergeant dans l'autre. Ainsi, la souffrance au travail vient-elle accélérer les crises aigües psychiques et somatique et inversement. Plus généralement, les épreuves, les ruptures et les déceptions apparaissent comme l'essentiel de son parcours personnel quel que soit le domaine interrogé. Le tout est mis en symétrie avec une transmission intergénérationnelle des valeurs socio-éducatives engagées et d'un positionnement socio-politique résistant.

Le récit de sa vie familiale est alors enjolivé par les valeurs sociopolitiques soutenues et partagées par la famille (vaillance, engagement politique, lutte ouvrière), et ce avec une certaine ambivalence. En effet, le groupe familial apparaît à la fois comme rigide et contraignant (éducation stricte, dimension religieuse omniprésente), mais aussi comme un lieu de valorisation narcissique : le grand-père opposé au pouvoir politique et le père émigré engagé dans la lutte ouvrière apparaissent comme des supports identificatoires.

C'est sur la base de ces modèles que l'identité de Mme D. prend appui et s'affirme. Dans cette logique et dès l'adolescence – *période de remaniements psychiques* –, elle renforce son investissement scolaire, puis surinvestit la sphère professionnelle à l'âge adulte. De sorte que, en dépit des sacrifices qui en résultent, ce mouvement de surinvestissement professionnel a permis à Mme D. de s'inscrire et de prendre place dans le lien social, conformément à ce qu'elle présente comme ses idéaux. Dans son histoire, la trajectoire professionnelle représente l'un des seuls espaces étayant et valorisant à travers les responsabilités occupées, les échelons gravis et les obstacles surmontés. Elle s'est ainsi progressivement assurer une position active dans cet espace socio-professionnel afin de maintenir un équilibre psychologique.

Selon Dejours (2009 [20]), le travail n'est pas réductible à une activité de production dans le monde objectif. Il est toujours une mise à l'épreuve de la subjectivité dont cette dernière sort grandie ou au contraire meurtrie. Pour l'auteur, le travail se définit comme le fait de travailler, se caractérise par des gestes, des savoir-faire, un engagement du corps, la mobilisation de l'intelligence, la capacité de réfléchir, d'interpréter et de réagir à des situations. Ainsi, travailler c'est une occasion offerte à la subjectivité de s'éprouver elle-même voir de s'accomplir.

---

20. Dejours C. (2009). Travail vivant. Sexualité et travail. Payot, Paris.

S'agissant de Mme D., on peut alors comprendre en quoi l'expérience de subjectivation est mise à mal par la situation de harcèlement professionnel dont elle est victime. Si cette situation limite sa capacité à travailler, à être productive et contribuer au bon fonctionnement de son service, elle menace avant tout sa quête narcissique, le sentiment d'une existence séparé avec l'autre et le monde. La souffrance qui en résulte est d'abord liée à la diminution, voire à la destruction, *« de la capacité d'agir, du pouvoir faire, ressentis comme une atteinte à l'intégrité du soi »* (Ricœur, 1990 [21]), puis laisse place à la douleur psychique et physique. Victime de différentes formes de maltraitances au travail, de violences faites au corps et à la psyché, le cas de Mme D. souligne le coût psychique et le désœuvrement inhérents à cette position, dans laquelle est l'œuvre la destructivité sans dégagement possible du mortifère. Cette violence sociale revient pour elle à une mise à mort psychique et sociale car elle se voit privée d'une place « d'être social » qui donne accès au désir et au regard d'autrui. Si sa place socio-professionnelle tient lieu d'identité, sa perte œuvre sur une crise terrifiante, où elle fait l'expérience de la dépersonnalisation, de l'oubli (effacement d'être), de l'abandon et de l'angoisse de perte.

Ajoutons que pour Mme D., cette expérience de dépossession professionnelle et sociale ne peut être réparée par ailleurs que ce soit dans le cadre familial ou d'autres groupes, elle ne peut s'inscrire, renouer de l'échange, recréer un autre espace où trouver place.

C'est dans ce contexte que le recours à la justice – comme recherche réparatrice – advient. Pour Mme D., c'est en effet dans sa démarche de dépôt de plainte en justice que peut émerger le « pouvoir dire ». L'investissement de la valeur travail est réduit à néant et la plainte prend la forme d'une œuvre de restauration narcissique.

---

21. Ricœur P. (1990). *Soi-même comme un autre*. Paris, Le Seuil.

Toutefois, la décision judicaire d'un non-lieu et le renversement en son contraire de sa situation victimé / victimant sont perçus comme une impuissance à pouvoir se raconter, à faire, à s'estimer soi-même. Tout cela redouble son extrême passivité au point de se vivre exposée au pouvoir de l'autre et d'exacerber son sentiment d'être victime, ce qui ne manque pas de renforcer l'altération du lien à autrui. Dès lors, Mme D. s'installe dans un climat persécuteur entretenu par la plainte – *plainte de la perte de sa dignité et du dommage subi* - comme invocation et appel à l'autre, et venant amplifier repli sur soi, usure psychique et physique jusqu'à la conduire dans une situation de solitude totale et d'impasse. A propos de l'expérience de victimisation Ricœur (1990 [22]) rapporte justement que *« cette manière qu'a la plainte de friser le délire peut témoigner de la nature profonde de la récrimination oscillant sur le seuil invisible entre dénonciation du mal et le délire de persécution ».* Au-delà d'une mise en échec d'un idéal du moi attaché à des valeurs fortes, cette expérience de souffrance et de harcèlement professionnels – devenue une spirale de violence dans laquelle sont confondus agresseur / agressé – confronte Mme D. à l'absurde, au chaos d'une situation de non-sens, sans ordre, ni loi.

De la polyvictimité dans le parcours de vie et de la répétition sérielle

La souffrance psychique de Mme D. est certes relative à cette situation de harcèlement professionnel et à ses conséquences, mais elle semble aussi subjectivement liée à une conflictualisation psychique caractérisée par la lutte contre la passivité – *du fait qu'elle entre en résonance avec des scènes trop excitantes ayant placé le sujet en position passive* – à l'œuvre et manifeste dans d'autres sphères de sa trajectoire de vie. En effet, même si dans le récit, le vécu du harcèlement au travail reste central, d'autres évènements de vie relatés

22. *Op. cit.*

témoignent d'un parcours de vie fait d'une succession de victimisations ayant débutée dès l'enfance, et repérable dans les registres familial *(rigidité du fonctionnement éducatif et emprise paternelle)*, affectif (*infidélités et violences conjugales répétées)*, social *(isolement socio-relationnel continu)* et somatique *(atteintes somatiques permanentes et polymorphes)*.

La trame relationnelle et affective sur laquelle Mme D. inscrit son histoire est aussi dévastation de la cohésion et de la cohérence psychique, en ce sens où, Mme D. est toujours la proie de l'autre qui la ramène sans cesse au statut d'objet passif, attaqué, violenté et / ou sadisé. L'altérité semble vécue comme une effraction et Mme D. y répond par la soumission et/ou le repli malgré ses tentatives d'y échapper. Fragilisée, en perte de sens, il lui est difficile d'assumer dans sa confrontation à l'altérité la rencontre avec l'autre, rencontre qui lui rappelle ses propres limites et entraine le deuil de la toute-puissance.

Livrée à la violence et à l'instrumentalisation de l'autre, son parcours de vie rend compte d'une dynamique victimale, renforcée par des conduites masochiques elles-mêmes alimentées par des angoisses de séparation et la problématique de dépendance à l'égard de l'objet.

Face à la menace d'une perte possible, Mme D. ne peut que s'effondrer dans la dépression ou retrouver une maîtrise sur l'objet par l'idéalisation, la relation passionnelle ou le retournement masochique. Le risque de débordement est tellement massif qu'il favorise le recours à des défenses primaires de sauvegarde du Moi, que sont le renversement en son contraire et le retournement contre soi. C'est l'intensité de cette menace de perte/séparation qui conduit Mme D. à adopter défensivement des conduites masochiques de protection qui lui permettent de reprendre l'initiative et une certaine maîtrise de la situation. Dans cette dynamique, Mme D. se présente et se positionne dans une recherche de réparation qui restaurerait sa cohérence interne, et restituerait, même illusoirement, du sens. Elle est ainsi victime de ne pouvoir soutenir les risques inhérents à toute relation, faute de réserves narcissiques suffisantes. Aussi, ces relations prennent une tournure sadomasochiste avec une intolérance à la séparation régulée par des comportements violents.

Si la relation à l'autre et à ses idéaux est constitutive de la régulation narcissique, dans le cas de Mme D., le retournement masochique face à l'objet insatisfaisant est une manière de s'affranchir relativement des contraintes d'une dépendance excessivement prononcée du Moi à l'égard de ses objets (Jeammet, 2000 [23]). Ainsi, pour Mme D., la répétition de conduites masochiques représente une sécurité pour le Moi, c'est une manière de rétablir des frontières et une identité menacée. La souffrance réactivée permet de maintenir des liens avec ses objets d'attachement mais également de provoquer une réparation interne. Toutefois, si cette répétition compulsive peut apaiser ses besoins masochistes, le risque, pour Mme D., est de se contenter de répéter ces comportements masochiques comme seul moyen de garder une emprise sur un narcissisme qui s'effondre et sur le monde objectal qui semble lui échapper.

La position de souffrance, de passivité et de fragilité dans laquelle elle se place et situe son existence contraste avec le caractère résistant et réactif qu'elle laisse entrevoir, ce qui participe à l'hétérogénéité du fonctionnement. Elle se dit faire ainsi face aux adversités successives pour mieux les dépasser et résister à une position passive ou vécue comme telle. Cependant, ces tentatives répétées sont mises en échec ou ne suffisent pas, sinon temporairement et perpétuent de nouvelles quêtes. Tout se passe comme si, face au sentiment d'anéantissement et de dissolution psychique, elle recherche les substitutions d'un sentiment d'existence par la tentative de dépasser des situations dans lesquelles elle explore alternativement – par le retournement – à la fois une position passive masochiste et une position active, de maitrise. La satisfaction d'emprise (Denis, 1997 [24]) qui en résulte peut ainsi lui assurer une récupération narcissique de cette faillite relative du Moi en

23. Jeammet P. (2000). L'énigme du masochique. In André J., *L'énigme du masochisme.* PUF, Paris. 31-67.

24. Denis P. (1997). *Emprise et satisfaction.* PUF, Paris.

l'agissant au lieu de la subir. En rendant le Moi complice de qu'il subit, elle lui sauve la face. Cependant, si l'angoisse de Mme D. peut s'apaiser provisoirement par renversement de sa position existentielle, sa souffrance psychique n'y trouve aucune solution. Toute tentative de *« réparation échoue en son principe et va aller se jouer sur une autre scène (...) dynamique dans laquelle un équilibre psychique tend à se maintenir »* (Le bas, 2005 [25]).

Dans ce cas, la conflictualité interne (et la souffrance psychique) se déplace et se répète sous forme agie, polymorphe ou sérielle (somatisation, violences subies, symptômes psychiques...) (Harrati, Villerbu, 2010 [26] ; Harrati & al., 2003 [27]). Cette construction autour de la répétition devient pour Mme D. un moyen pour maintenir un équilibre psychique fragile.

Conclusion

Sans pour autant négliger l'impact douloureux et traumatique des violences professionnelles subies au présent, le cas de Mme D. suggère l'intérêt de rechercher progressivement dans l'histoire de vie des contextes violents antérieurs et d'analyser l'éventualité des liens entre ceux-ci et le présent. Pour le clinicien, ce mode de lecture, interrogeant l'ensemble de l'histoire du sujet, le psychisme et ses modes de protection, permet de caractériser l'expérience d'un acte d'agression ou de violence et contribue à la compréhension de la position de

---

25. Le Bas P. (2005). Victime et sérialité : la sérialité victimale au regard d'une position existentielle et d'un trajet existentiel singuliers. *Les cahiers de l'Institut de Criminologie et Sciences Humaines*. Numéro hors série. 35-62.

26. Harrati S., Villerbu L.M. (2010). De la criminalité au féminin et en particulier en ce qui concerne les femmes auteures de violences dites sexuelles, In Cario R., Sayous B., (Ed) Tabou et réalité du crime au féminin, l'Harmattan, Paris.

27. Harrati S., Vavassori D., Villerbu L.M. (2003). L'analyse sérielle appliquée aux agressions sexuelles des femmes, *Forensic, Revue de Psychiatrie et Psychologie Légales*, 16, pp 24-27.

victime. De ce fait, ce regard conduit à rechercher une répétition dans des séquences inscrites dans un parcours de vie et indique que la compréhension d'actes violents (agis ou subis) demande d'interroger tous les champs de vie. A l'inverse d'une lecture symptomatique ou syndromique de la clinique – *qui peut se révéler tout aussi utile* – la lecture / l'analyse psychodynamique du cas de Mme D. nous invite à penser la victimisation comme un processus au long cours susceptible de déplacements, d'inversions dans les positions existentielles tenues. Cette position – toujours en mouvement – s e manifeste dans les différents espaces de vie du sujet, se déplace en changeant de forme [28] tout en pouvant se maintenir. Ainsi, le point de vue psychodynamique revient-il à concevoir la « forme » de la solution que le sujet a pu trouver pour s'inscrire dans le lien social et témoigner ainsi de son existence.

Toutefois, il ne s'agit pas de percevoir dans cette association l'idée d'une prédisposition à une situation victimale, mais de considérer la position de victime à travers des situations cliniques en termes de construction de trajectoire et positions existentielles comme tentative de réaménagement permanent d'un étayage pour maintenir un équilibre psychique.

28. Polymorphisme victimal selon Lebas P. (2005) et Pignol (2008).

Conclusion

Par Sandra DA SILVA

« Et si la victime n'existait pas ? » Le titre de la journée scientifique qui a impulsé la rédaction de cet ouvrage nous invite à déconstruire les multiples acceptions du terme de victime, afin d'éviter le risque de plaquer une représentation unique à des réalités multiples et à des vécus subjectifs variés, voire radicalement opposés. Les regards croisés de la sociologie, du droit, de la criminologie, de la psychologie clinique et de la linguistique nous permettent ainsi d'envisager des points de dialectisation possible entre social et psychologique, entre spécifique et transnosographique, entre situation victimale et parcours de vie, entre temps psychique et temps judiciaire, entre agresseur et victime.

Si le terme de victime est déjà porteur d'une dualité dans son essence linguistique entre objet du sacrifice et sujet qui subit, son utilisation dans divers champs disciplinaires renforce sa complexité : entité clinique spécifique, désignation juridique, objet d'oppression sociale. Ces différents points de vue sur un même objet nous amènent à repenser la question de la victime entre ce qui pourrait relever d'une spécificité essentielle et ce qui serait à imputer aux conséquences d'une désignation par un autre du champ social, que ce soit l'agresseur ou celui qui rend justice, induisant ainsi un effet de boucle lié à une classification spécifique de victime (Hacking, 1998). Cette intrication entre individuel et collectif, entre social et psychologique peut également produire une instrumentalisation politique à repérer.

Mais au-delà de l'interrogation épistémologique, il s'agit également de confronter la théorie à la pratique, en mettant en valeur des témoignages sur des situations concrètes d'accompagnement des victimes. Un paradoxe semble émerger entre une mise en avant des victimes sur le plan social et médiatique et un constat de manque de reconnaissance effective sur le terrain. Le lien entre le temps psychique et le temps judiciaire est à prendre en compte pour comprendre l'expérience de la victime et imaginer de nouveaux dispositifs de réparation judiciaire et d'accompagnement psychologique. Ceux-là favoriseraient la reconnaissance de la victime, mais aussi celle de l'auteur lors de rencontres médiatisées permettant une réhumanisation. Il s'agit d'appréhender la complexité de l'interaction du couple auteur/victime que ce soit dans l'après-coup d'une situation d'agression ou dans un temps de rencontre lors de dispositifs spécifiques. La prise en compte de la victime passe ainsi par une analyse double : d'une position victimale et d'une trajectoire de vie spécifique qui peut être faite de répétitions.

Cette articulation de différents savoirs disciplinaires, loin d'avoir circonscrit un espace de définition restreint de la victime, a pu au contraire ouvrir des possibilités de réflexion autour de la place du trauma, ou de l'interaction victime-agresseur. Cette mise en tension permet ainsi de se dégager d'une vision déterministe et réductrice pour envisager les multiples facteurs et les différentes temporalités qui peuvent être en jeu dans un vécu de victime, en évitant les écueils de la banalisation ou du renforcement d'une position désubjectivante.

Table des matières

L'HARMATTAN, ITALIA
Via Degli Artisti 15; 10124 Torino

L'HARMATTAN HONGRIE
Könyvesbolt ; Kossuth L. u. 14-16
1053 Budapest

ESPACE L'HARMATTAN KINSHASA
Faculté des Sciences sociales,
politiques et administratives
BP243, KIN XI
Université de Kinshasa

L'HARMATTAN CONGO
67, av. E. P. Lumumba
Bât. – Congo Pharmacie (Bib. Nat.)
BP2874 Brazzaville
harmattan.congo@yahoo.fr

L'HARMATTAN GUINÉE
Almamya Rue KA 028, en face du restaurant Le Cèdre
OKB agency BP 3470 Conakry
(00224) 60 20 85 08
harmattanguinee@yahoo.fr

L'HARMATTAN CAMEROUN
BP 11486
Face à la SNI, immeuble Don Bosco
Yaoundé
(00237) 99 76 61 66
harmattancam@yahoo.fr

L'HARMATTAN CÔTE D'IVOIRE
Résidence Karl / cité des arts
Abidjan-Cocody 03 BP 1588 Abidjan 03
(00225) 05 77 87 31
etien_nda@yahoo.fr

L'HARMATTAN MAURITANIE
Espace El Kettab du livre francophone
N° 472 avenue du Palais des Congrès
BP 316 Nouakchott
(00222) 63 25 980

L'HARMATTAN SÉNÉGAL
« Villa Rose », rue de Diourbel X G, Point E
BP 45034 Dakar FANN
(00221) 33 825 98 58 / 77 242 25 08
senharmattan@gmail.com

L'HARMATTAN TOGO
1771, Bd du 13 janvier
BP 414 Lomé
Tél : 00 228 2201792
gerry@taama.net

Achevé d'imprimer par Corlet Numérique - 14110 Condé-sur-Noireau
N° d'Imprimeur : 100674 - Dépôt légal : août 2013 - *Imprimé en France*

www.ingramcontent.com/pod-product-compliance
Lightning Source LLC
LaVergne TN
LVHW051355061026
849535LV00009B/3193